SUSANNE NÜSSLEIN-MÜLLER
GERNOT KOSOK-POKORNY

HOCH-
BEETE

**Das
Monat-
für-Monat-
Konzept**

blv

Was Sie in diesem Buch finden

Hochbeete – Gärtnern auf hohem Niveau

Der Anbau von eigenem Gemüse und Kräutern ist heute ein Stück Lebensqualität und Ausgleich für Hektik und Stress des täglichen Lebens und nicht mehr existenziell nötig, wie es früher häufig war. Gemüse im Hochbeet anbauen heißt einfacheres Arbeiten, reichere Ernten, mehr Genuss. Das entdecken immer mehr Gartenfreunde, denn das Ergebnis überzeugt.

Leckeres ernten vom eigenen Hochbeet

Frisches Gemüse, aromatische Kräuter und leckeres Obst wachsen zu sehen, selbst ernten und genießen zu können macht Spaß. Trends wie Urban Gardening, Gemüse-Mietgärten und vegane Ernährung zeigen das große Interesse an einer neuen Form von Selbstversorgung. Vor allem immer mehr junge Familien mit Kindern entdecken die Freude am eigenen Obst- und Gemüseanbau. Wie lässt sich Kindern besser vermitteln, wie lecker Gemüse ist, wenn nicht mit einer frisch aus der Erde gezogenen knackig-süßen Möhre aus dem eigenen Beet?

Die meisten Privatgärten heute sind eher klein und die wenigsten Gartenbesitzer haben ausreichend Platz für einen eigenen Küchengartenbereich, aber ein paar Quadratmeter für ein Hochbeet finden sich fast immer. Auf ihm lässt sich bei geringem Platzangebot beinahe rund ums Jahr immer etwas ernten, wenn man die Fläche geschickt ausnutzt.

Hochbeete haben viele Vorteile

Das Gärtnern auf dem Hochbeet bietet viele Vorzüge. Nicht alle liegen dabei so klar auf der Hand wie das ergonomische und rückenfreundliche Gärtnern auf normaler Arbeitshöhe. Ohne Bücken oder Hocken im Beet, ohne schmutzige Knie oder schmerzende Lendenwirbel lassen sich alle Arbeiten im Beet leicht und ohne altersbedingte Nachteile durchführen. Ob man aussät, zwischen den Gemüsereihen Unkraut jätet oder Bohnen pflückt – alles geht im Hochbeet besser von der Hand.

Zum anderen produziert das im Inneren des Beetes verrottende Material aus Astschnitt, Stauden- und Küchenabfällen Wärme und setzt laufend Nährstoffe frei. Die Pflanzen im Hochbeet lassen sich auch gezielter gießen und düngen. Dies alles kommt den Gemüse- und Kräuterkulturen zugute. Die Pflanzen wachsen besser

Auch Radieschen wachsen im Hochbeet schneller heran und bringen so früher erste Ernten.

und bringen höhere Erträge trotz geringem Platzbedarf.

Der Hochbeet-Rahmen speichert die Sonnen-wärme, im Frühjahr erwärmt sich die Erde darin schneller, zu viel Nässe durch Tau- oder Regenwetter fließt, bedingt durch den geschich-teten Aufbau, besser nach unten ab. Dadurch lässt sich vom Hochbeet früher und länger ernten als dies bei einem normalen Gemüse-beet möglich ist.

Noch länger und intensiver kann man das Hoch-beet nutzen, wenn man es den Winter über mit einem Frühbeetaufsatz versieht oder mit einem Folientunnel oder Gartenvlies abdeckt. So kann man länger ernten und früher aussäen.

Mit Hochbeeten nachhaltig gärtnern

Mit selbst angebautem Gemüse tut man nicht nur sich selbst und seiner Gesundheit etwas Gutes. Man leistet auch einen Beitrag zu einer nachhaltigen, umweltschonenden Lebens-weise. Im eigenen Hochbeet angebautes Gemüse muss nicht intensiv gedüngt oder elektrisch gewässert werden, es wird nicht mit Pflanzenschutzmitteln behandelt und hat keinen energieaufwendigen Transport vom Erzeuger über den Handel hin zum Verbrau-cher hinter sich. Man geht in den Garten, erntet und verarbeitet dann das superfrische Gemüse zu leckeren gesunden Speisen. Wenn man dann noch die anfallenden Küchen- und Gartenabfälle nicht in der Biotonne ent-sorgen lässt, sondern in einem Thermokom-

TIPP

Sechs gute Gründe für das Gärtnern auf dem Hochbeet
- Rückenfreundliches, entspanntes Arbeiten auf Arbeitshöhe.
- Sonnenenergie erwärmt Beet und Erde für frühere Aussaaten.
- Gartenabfälle können sinnvoll genutzt werden und liefern Wärme.
- Gezieltes Gießen optimiert die Wachstumsbedingungen.
- Geringer Platzbedarf, die Beetfläche lässt sich optimal nutzen.
- Kaum Probleme mit Schnecken oder Wurzelunkräutern.

poster selbst kompostiert und den fertigen Kompost wieder in das Hochbeet zurückführt, macht man einen weiteren wichtigen Schritt hin zu einem sinnvollen Energiekreislauf.

Essbare Blüten: Tagetes und Ringelblumen bringen zusammen mit rotem Mangold Farbe ins Hochbeet.

Größen und Materialien

Hochbeete sollten nicht zu groß sein. Für den Fall, dass ein Beet nur einseitig zugänglich ist, sollten Sie bei der Wahl der maximalen Beetbreite darauf achten, dass Sie ohne allzu großes Strecken mit der Hand an die Ihnen gegenüberliegende Seite greifen können. Üblicherweise entspricht das einer maximalen Breite von ca. 80 cm.

Bei einem Beet, das von zumindest zwei Längsseiten aus zugänglich ist, ergibt sich ein Idealmaß von 1,2–1,3 m. Hier ist der Griff knapp über die Mitte des Beetes und von beiden Seiten aus möglich. Zu große Beete erfüllen den Wunsch nach Arbeitserleichterung nicht in gleichem Maße wie kleinere Einheiten. Es ist ein

Üppiger Wuchs ist im Hochbeet die Regel. Trotz geringer Fläche lässt sich erstaunlich viel ernten.

Unterschied, ob man bei einer Seitenlänge von 5 m vom Salat zum Schnittlauch einmal um das Beet herum läuft, und sich zum Ernten halb ins Beet legen muss, oder ob man sich nur einfach vom einen zum anderen Beet umdreht. Achten Sie daher nicht nur der Optik wegen auf ein ausgewogenes Längen- und Breitenverhältnis.

Ein sehr ansprechendes Seitenverhältnis bei frei stehenden, ringsherum zugänglichen Beeten ist 2:3. Daraus ergibt sich bei 1,2 m Breite eine Beetlänge von 1,8–2,3 Meter und eine Anbaufläche von 1,8–2,5 m². Diese Abmessungen sind keine Vorgabe, sie bilden aber eine harmonische Gesamtanmutung. Angenehme Hochbeethöhen sind bei daneben sitzender Bearbeitung 50–60 cm, bei stehender Bearbeitung nicht ganz hüfthoch. Daraus ergeben sich übliche Höhen zwischen 70 und 100 cm.

Hochbeete mit den genannten Proportionen wirken wohldimensioniert und leicht, nehmen dem Garten nicht jeglichen visuellen Raum und ermöglichen kurze Wegstrecken beim Gärtnern. Handliche und bezwingbare Einheiten von Hochbeeten lassen sich im Garten – auch versetzt, winkelig angepasst oder Fluchtlinien des Gartens aufnehmend – zu einer Hochbeetlandschaft gefällig arrangieren. Daher ist, gerade was die Größe des Hochbeetes anbelangt etwas Augenmaß anzuraten. Zu groß geratene Hochbeete werden gerne als »Elefantensarg« bespöttelt. Gerade im Hinblick auf barrierefreie Gärten und Gärtnern für Senioren, ist ein überschaubares Hochbeet ein wesentliches Argument.

Auch die Befüllung lässt sich in kleineren Einheiten besser bewältigen, das Erfolgserlebnis stellt sich schneller ein.

Nicht zu unterschätzen ist das Gewicht, vielmehr der Druck, der durch die Befüllung gegen das Hochbeet ausgeübt wird. Im Inneren verrottet das organische Material, es geht Volumen verloren. Dieser Volumenverlust wird Jahr für Jahr ergänzt. Man verliert das Gefühl für die tatsächliche Masse, der sich ein Hochbeet sicher über Jahre widersetzen muss. Bei Abmessungen von 1,8 × 1,2 m bei einer Höhe von 80 cm, liegt das Volumen abzüglich Konstruktion bei ca. 1500 Liter. Gewachsener Erdboden liegt bei ca. 1,7 t pro m³, Blumenerde immerhin bei ½ t je nach Wassergehalt. Wasser ist dabei eine relevante Größe, denn nasse Blumenerde ist deutlich schwerer. Bezogen auf das Hochbeetidealmaß liegt das Gewicht nach einer gewissen Verdichtungszeit bei 1,5–2 t. Dieses Gewicht drückt unnachgiebig auf die umliegenden Seiten. Der Hochbeetkasten muss in der Lage sein, diesem Druck standzuhalten, was einige – auch der im Handel erhältlichen – Hochbeete nicht oder nur unzureichend schaffen.

Die Materialwahl

Beliebte Materialien für den Hochbeetbau sind Holz, Metall, Beton, Naturstein und Kunststoff. Jedes der Materialien hat Vorteile wie Nachteile, doch gilt es auch Ihren Geschmack zu treffen. Und über Geschmack lässt sich bekanntermaßen nicht streiten. Neben rein visuellen Kriterien sollten Überlegungen zu Statik, Raumeinnahme und Realisierbarkeit berücksichtigt werden.

Hochbeetkonstruktionen sind idealerweise eher dünnwandig. Die Beetbreite ergibt sich durch Ihre Armlänge, mehr als 60–70 cm Greiftiefe ist einfach unbequem. Infolgedessen reduziert die Wanddicke des Hochbeetkastens die nutzbare Tiefe.

Zwei Beispiele: Metall lässt sich sehr dünnwandig verarbeiten, wenige Millimeter Dicke und der eine oder andere Falz sorgen für hohe Festigkeit. Bei Hochbeetmauern aus Naturstein gehen rasch 20 oder 30 cm durch die Steingröße verloren. Da stellt man sich die Frage, ob es dem Hochbeetgedanken zuträglich ist, wenn ein Viertel des Beetes aus Mauer besteht.

Aufgrund der Beliebtheit und einfachen Bearbeitbarkeit von Holz, wird nachfolgend näher auf diesen Werkstoff eingegangen.

Ein Hochbeet bleibt selten allein. Wer auf den Geschmack gekommen ist, will die Vorteile nicht missen.

Hochbeete aus Holz

Holz ist aus unserer Überzeugung eines der geeignetsten Materialien für den Bau von Hochbeeten. Es ist ein haptisch angenehmer, natürlicher und warmer Baustoff, den Menschen schon seit Anbeginn zu Konstruktionszwecken nutzten. Holz ist natürlich gewachsen und in großen Mengen verfügbar. Es hat beim Wuchs CO_2 gebunden und ist in einer Art klimaneutral wie kein anderer geeigneter Baustoff. Holz lässt filigrane Konstruktionen bei zugleich guten statischen Eigenschaften zu.

Holzkonstruktionen können selbsttragend gefertigt werden, aber auch grobe rustikale Balken- oder Stammlagen sind möglich. Es kann mit relativ wenig Aufwand auch vom Laien gut bearbeitet werden. Die enorme Biegebelastbarkeit von Holz quer zur Faserrichtung macht es zu einem idealen Baustoff für Vielerlei. Durch balken- oder bohlenverwendende Konstruktionen erhalten Sie unglaubliche Festigkeiten. Holzhochbeete sind rasch aufgerichtet und stellen keine bauliche Maßnahme dar, die das Gesicht Ihres Gartens dauerhaft verändert.

Holzkonstruktionen sind reversibel und auch für gemietete Gärten geeignet. Holz fügt sich sehr rasch durch Patina in den Garten ein und wirkt dann wie ein schon immer dagewesener Bestandteil. Unaufdringlich, praktisch und bei richtiger Bauweise erstaunlich haltbar. Gleichermaßen im modernen Garten mit klaren Linien, wie auch im Naturgarten romantisch verspielt, kann dieses wunderbare Material seine Stärken beweisen.

Holzhochbeete können bei entsprechender Konstruktions- und Materialwahl mehrere Jahrzehnte überdauern. Dennoch ist die Metamorphose von neu zu alt sichtbar und gerade sie stellt einen wesentlichen Reiz dieses natürlichen Baumaterials dar.

Holzarten und ihre Eigenschaften

Jede Holzart hat ihre eigenen unverwechselbaren Eigenschaften wie Gewicht, Elastizität, Festigkeit in verschiedenerlei Beanspruchungen.

Hochbeete mit Frühbeet ergänzen sich zum Kleingewächshaus. So haben auch wärmeliebende Kulturen Chancen.

Außerdem sorgen Holzinhaltsstoffe für Resistenzen sowohl bei wachsenden Gehölzen als auch bei geschlagenem Holz in verarbeitungsbereitem Zustand.

Für Konstruktionsholz ist in erster Linie die Festigkeit relevant. Gerade in Bezug auf Konstruktionen für den Garten sind aber spezielle Holzinhaltsstoffe wichtig.

Die Widerstandsfähigkeit von Holzarten gegen holzzerstörende Einflüsse ist in Dauerhaftigkeitsklassen definiert: Sehr dauerhaft = 1, dauerhaft = 2, mäßig dauerhaft = 3, wenig dauerhaft = 4, nicht dauerhaft = 5.

Zudem ist eine Definition des möglichen Verwendungszweckes in Gebrauchsklassen sinnvoll. Nachstehende Angaben wurden aus dem konstruktiven Holzbau, damit sind tragende Konstruktionen gemeint, abgeleitet. Auch wenn es bei Hochbeeten nicht um sicherheitsrelevante Bauteile geht, ist das Wissen und die Technik aus diesen Bereichen des Holzbaus übertragbar. So entstehen wirklich haltbare Beete!

Mit der Gebrauchsklasse (GK) wird der Grad der Gefährdung des Holzbauteiles durch äußere Einflüsse bestimmt. Die Gebrauchsklassen 0, 1 und 2 definieren Anwendungen ohne direkte Bewitterung und sind deshalb für den Hochbeetbau irrelevant.

Die Gebrauchsklasse 3 bezieht sich auf eine Beanspruchung bei der das Holz der Witterung ausgesetzt ist, sich aber nicht in direktem Erdkontakt befindet. Es besteht eine Gefährdung durch Pilzbefall, Auswaschung und Insektenfraß.

Die Gebrauchsklasse 4 gilt, wenn Holz in dauerndem Erdkontakt steht und ständiger starker Feuchtigkeit ausgesetzt ist. Die Gefährdung liegt bei Pilz-, Fäulnis-, Insektenbefall und Auswaschung.

Dauerhaftigkeitsklassen (DIN EN 350-2, früher Resistenzklassen DIN 68 364) sind nicht mit Gebrauchsklassen zu verwechseln. Ersteres behandelt die Eigenschaften der jeweiligen Holzart, letzteres betrachtet im Wesentlichen die Gefährdung durch die Verwendung in Kombination mit konstruktionsbedingten Faktoren.

Bei Hochbeeten entscheidet die Konstruktion die Gebrauchsklasse, also die Art und Weise wie das Holz verbaut wird. Vermeiden Sie dauerhaften Kontakt von Holz mit Erde und sorgen

Geschützt vor starken Winden stehen Hochbeete entlang von Hecken besonders gut.

TIPP

Außergewöhnliche Formen

Es gibt auch solide gefertigte Hochbeete aus Douglasie, die in verschiedenen Formen erhältlich sind. Sie werden als Vieleck, Kipferl oder auch als Dreieck immer konisch nach unten verjüngt hergestellt. So ist ausreichend Platz für die Zehenspitzen, selbst wenn man nah am Beet steht.

Sie dafür, dass Wasser rasch abfließt und das Beet schnell abtrocknet. Hat das Beet jedoch ständigen Erdkontakt und/oder kann es schlecht abtrocknen, liegt es klar in Gebrauchsklasse 4.

Ein nach unten hin verjüngtes Hochbeet gibt Knie und Füßen Platz.

Für Klasse 3 eignen sich aufgrund des guten Preis-Leistungs-Verhältnisses Holzarten wie Lärche, Douglasie und Kiefer. Bei Gebrauchsklasse 4 kann guten Gewissens nur die Robinie, mit Abstand gefolgt von Stieleiche und Edelkastanie empfohlen werden.

Ziel ist eine Gebrauchsdauer von mindestens 15 Jahren, bei optimaler Holzartwahl und guter Konstruktion sind auch bis zu 40 Jahre möglich.

Lärche:

Ist eine heimische Holzart und das härteste und schwerste für Holzkonstruktionen verwendete heimische Nadelholz. Es ist besonders biegefest, harz- und gerbsäurehaltig. Aufgrund der speziellen Holzinhaltsstoffe ist Lärchenholz relativ witterungsbeständig. Daher wird es in Mitteleuropa seit Jahrhunderten als Bau- und Konstruktionsholz verwendet. Der farbige Kernbereich ist eigenresistent gegen Insektenbefall.

Douglasie:

Ist ein in Mitteleuropa gebietsfremdes Gehölz und wurde zur Aufforstung aus Kanada importiert. Mittlerweile gibt es von dieser neophytischen Baumart nennenswerte Bestände. Die Douglasie hat ein der Lärche sehr ähnliches Holz, doch was die allgemeine Eigenschaften und die Witterungsresistenz anbelangt, ist es geringfügig schwächer. Der farbige Kernbereich ist eigenresistent gegen Insektenbefall.

Kiefer:

Die zu erwartende Gebrauchsdauer im Außenbereich ist nicht ganz so ausgeprägt wie bei der Lärche oder der Douglasie, doch Kiefernholz ist in Bezug auf die physikalischen Eigenschaften der Douglasie sehr ähnlich. Jedoch neigt Kiefer zur Großastigkeit, was das Verbauen geringer Querschnitte erschwert. Das Holz der Kiefer ist ein stark unterschätztes Holz. Der farbige Kernbereich ist eigenresistent gegen Insektenbefall.

Lärche, Douglasie und Kiefer liegen in Dauerhaftigkeitsklasse 3–4 (mäßig – wenig dauerhaft), auch wenn eine Abnahme der Dauerhaftigkeit von Lärche über Douglasie zur Kiefer feststellbar scheint. Diese Holzarten können bei Einhaltung bestimmter baulicher Maßnahmen im wetterbeanspruchten Außenbereich genutzt werden.

Robinie:
Ist das witterungsbeständigste in Mitteleuropa wachsende Holz. Es ist sehr dicht, also schwer, lässt sich kaum nageln, ist elastisch und biegefest zugleich. Robinie ist der Dauerhaftigkeitsklasse 1–2 zugeordnet und wird aus diesem Grund bei Bauten mit direktem Erdkontakt verwendet. Ihr Holz ist besonders schlagzäh und haltbar – Eigenschaften, die im alpinen Lawinenverbau sehr geschätzt sind.

Stieleiche:
Eiche ist das Synonym für Stärke. Nicht von ungefähr, liegt das Holz doch in Dauerhaftigkeitsklasse 2. Direkter Erdkontakt wird verziehen, besser aber nicht von Dauer. Eiche blutet besonders stark bei direkter Bewitterung Gerbsäure aus, auf Steinböden bleiben zeitweilig braune Flecken zurück. Gerbsäure ist grundsätzlich wasserlöslich, wenngleich nach der Entfernung dieser Verfärbungen gelegentlich leichte Schatten am Terrassenbelag zurückbleiben.

Ein Geflecht aus groben Zweigen muss nicht rustikal wirken, kombiniert mit geschliffenem Holz kann es den Rahmen für ein wertiges Hochbeet geben.

Edelkastanie:

Befindet sich wie die Stieleiche in Dauerhaftigkeitsklasse 2. Sie wird gerne für Staketenzäune
verwendet, da sie sich gut spalten lässt. Bei der
Kastanie zeigt sich sehr gut, dass die Dauerhaftigkeitsklasse nichts mit den übrigen physikalischen Eigenschaften zu tun hat. Die Holzinhaltsstoffe entscheiden über die Dauerhaftigkeit.
Das Holz der Edelkastanie ist im Vergleich zu
Eiche und Robinie leicht, weich und nicht sehr
biegefest.

Bei allen sechs der vorgestellten Hölzer werden
anfangs mehr oder minder intensiv Gerbstoffe
ausgeschwemmt. Diese Ausschwemmung
nimmt im Laufe der Zeit ab. Gerbstoffe sind
natürliche Holzinhaltsstoffe und stellen keinen
Grund zur Beunruhigung dar.

**Besonders ansprechend und natürlich wirken Hochbeete
aus Weidengeflecht.**

Hochbeete aus Weidenelementen

Eine Sondergruppe unter den Holzhochbeeten
stellt das Weidenhochbeet dar. Es passt sich
dem Garten auf charmante Weise an, die ge-
flochtene Struktur hat etwas Beruhigendes und
Zusammenhaltendes. Das Flechtwerk sorgt für
Stabilität. Besonders Weidenbeete benötigen
zwingend einen Schutz von Innen gegen Verrottung. Ideal ist für diesen Zweck Plattenware
aus PE-HD oder eine andere sinnvolle Konstruktion, die direkten Erdkontakt zu den Weiden
verhindert. Flechthochbeete lassen sich in
vielerlei Formen herstellen.

Möglichkeiten für den Holzschutz

Konstruktiver (baulicher) Holzschutz

Holz ist ein leicht zu verarbeitendes Material,
das bei nicht zweckgerechter Verarbeitung sehr
schnell verrottet. Konstruktiver Holzschutz kann
das verhindern, dabei geht es um nichtchemi-
sche, bauliche Maßnahmen der Haltbarkeits-
verlängerung.

Im Außenbereich sind die Witterungseinflüsse,
die auf das Holz einwirken, unnachgiebig.
Im Sommer kommt es zu starker Sonneneinstrahlung mit unbarmherziger UV-Strahlung,
kurz darauf zu Regen- oder Gießwasser, dann
wieder Hitze, in den Übergangszeiten zu viel
Feuchtigkeit und im Winter zu ständigem Wech-
sel zwischen Frost- und Tauwetter. Holz hat ein
der Umgebungsfeuchtigkeit angepasstes Quell-
und Schwundverhalten. Bei Feuchtigkeit quillt

es, bei Trockenheit schrumpft es. Die Beanspruchung ist immens. Aus diesem Grund ist es sinnvoll, Holzarten zu verwenden, die diesem Wechselspiel und den dabei auftretenden Mitspielern besser trotzen als andere. Mitspieler sind Pilze, Bakterien und Insekten, die in der Natur die Funktion haben, Totholz aufzuspalten und es damit dem Kreislauf des Lebens zurückzugeben. Damit die natürliche Verrottung gut gelingen kann, ist Feuchtigkeit vonnöten. Gepaart mit Wärme ist sie ein Paradies für Pilzsporen aller Art. Sie sind allgegenwärtig und geben den ersten Zersetzungsimpuls. Pilze durchdringen selbst verholzte Zellwände von Pflanzen, um die darin gebundenen Nährstoffe aufzuspalten. Hinzu kommen einige chemische Substanzen, die der Regen mit sich bringt. Eine sinnvoll gefertigte Holzkonstruktion für den Außenbereich wird mit Bedacht auf jene holzzerstörende Aspekte gefertigt, die der Konstruktion allzu rasch zusetzen würden. Maßgeblich sind die Holzart und der konstruktive (bauliche) Holzschutz, manchmal auch der chemische Holzschutz.

Wird Feuchtigkeitseintrag konstruktionsbedingt verhindert, ist eine rasche Verrottung ausgeschlossen. Am Beispiel von alten Möbeln lässt sich dies auf einleuchtende Weise belegen. Wurden antike Möbel während der letzten Jahrhunderte trocken gelagert oder haben in Wohnräumen gestanden, gingen die Jahre beinahe spurlos vorüber. Standen sie hingegen in feuchten Kellern oder gar im Freien, war die Haltbarkeitszeit sehr begrenzt. Dieses Beispiel soll lediglich verdeutlichen, dass Feuchtigkeit die Grundlage für beginnende Verrottung ist und daher an Außenholz so gut wie möglich verhindert werden sollte.

Holzteile lassen sich also auch baulich schützen. Eine Abdeckung sorgt beispielsweise dafür, dass darunterliegendes Holz nicht direkt beregnet wird, konstruktive Abstände zwischen Hölzern sorgen für Durchlüftung und rasche Abtrocknung nach dem Nasswerden. Hölzer sollten bei direkter Bewitterung so verbaut sein, dass Wasser rasch ablaufen und der verbleibende Wasserfilm schnell abtrocknen kann. Werden Bretter dicht an dicht verlegt, entstehen enge Ritzen in die Wasser eindringt. Mangels ausreichender Luftzirkulation bleiben diese Stellen über einen längeren Zeitraum nass. Das ist wegbereitend für erste Pilze. An diesen Kontaktflächen beginnt die punktuelle Verrottung, die fortwährend um sich greift, bis die Konstruktion den statischen Belastungen nicht mehr standhält.

Moderfäule wird durch bauliche Fehler und falsche Holzwahl begünstigt.

TIPP

Bauen Sie nach den einleuchtend
logischen Prinzipien des konstruktiven
Holzschutzes. Mit wenig Aufwand oder
einer geringfügig anderen Herangehens-
weise erreichen Sie eine unglaubliche
Verlängerung der Haltbarkeit.
Maßnahmen zum Schutz sind:

- Vermeidung von dauerhaftem Kontakt
  von Erde zu Holz
- direkte Bewitterung reduzieren
- stehendes Wasser vermeiden
- für einen guten Abzug von Wasser
  sorgen
- Kriechgänge (Kapillareffekt) vermeiden
- Kontaktflächen zwischen Hölzern vermeiden
- für Luftzirkulation zum besseren
  Abtrocknen sorgen

Sinnvolle Hochbeetkonstruktion aus Holz, die alle Aspekte
des baulichen Holzschutzes berücksichtigt.

Eine der härtesten Prüfungen für Holz ist direkter Erdkontakt. Erdreich hält ein optimales Klima
für biologische Zersetzung vor. Es ist voll mit
wichtigen Bakterien, Pilzen und Mikroorganismen, die bereitwillig antreten, um Ihre unge-
schützte Konstruktion in Windeseile zu kompostieren. Daher ist für die meisten Holzarten ein
Schutz vor direktem Erdkontakt ratsam. Dieser
Schutz ist idealerweise aus einem unbedenk-
lichen Kunststoff. PE-HD bietet sich an. Dieses
Material findet in der Lebensmittelindustrie rege
Verwendung. Polyethylen ist ein sehr beständi-
ger und sicherer Kunststoff. Die meisten Kunst-
stoffflaschen und Lebensmittelverpackungen
werden aus PE gefertigt. In der kommunalen
Trinkwasserversorgung kommt PE 100 in Rohr-
leitungen zum Einsatz. PE ist verrottungssicher,
beständig gegen Säuren, Laugen und weitere
Chemikalien und wird mittels Rußeinlagerung
gegen ein Verspröden durch UV-Licht stabilisiert.
Aufgrund dieser Eigenschaften ist PE als High-
Tech-Kunststoff aus dem modernen Leben
nicht wegzudenken. Sie kommen mit ihm
täglich in ungeahnter Häufigkeit in Berührung.
Nach dem Ende der Gebrauchsdauer lässt sich
PE leicht recyceln.

Eine ideale Formgebung bietet die Industrie für
das Bauwesen als Drainagefolie an. Es handelt
sich um Bahnen mit einer noppenförmigen
Struktur. Durch diese Struktur schließt die Folie
niemals dicht ab, sondern leitet Wasser optimal
ab und lässt bei entsprechender Konstruktion
eine Hinterlüftung zu. Die Bahn wird im Falle
des Hochbeetes so verbaut, dass die Noppen
in Richtung des Holzrahmens und die glatte
Seite zum Erdkörper zeigt. So befindet sich
zwischen der Folie und der Holzkonstruktion

ein gewisser Raum, der eine Luftzirkulation zwischen Noppenbahn und Holzkonstruktion zulässt. Das Erdreich kommt mit dem noppenbahngeschützten Beetrahmen nicht in dauerhaften Kontakt.

Natürlich können Sie auch andere Materialien verwenden, die diesen Zweck erfüllen, wie etwa Teichfolien oder Bitumenbahnen (Dachpappe). Aus Sicht der des konstruktiven Holschutzes sind diese Lösungen nicht sehr zu empfehlen. Teichfolie aus PVC ist wegen der enthaltenen Weichmacher sehr umstritten, EPDM scheint da die deutlich bessere Materialwahl zu sein. Dennoch; durch die flächenbündige Auflage des planen Folienmaterials auf der Beetinnenseite entsteht eine Fläche die mangels Belüftung nur sehr schwer abtrocknen kann. Immer wenn Holz und Wasser in einer solchen Weise zusammentreffen, ist mittelfristig mit Pilzbefall zu rechnen. Bitumen bzw. Dachpappe reagieren sehr empfindlich auf Rissbildung. Das sich setzende Erdreich verhakt sich mit dem Material und zieht es ein Stück mit nach unten. Dabei kann das Material sehr leicht brechen oder reißen. Ist dies geschehen, ist der Schutz von innen löchrig. Zudem wirkt auch hier die mangelhafte Hinterlüftung pilzfördernd.

Sollte Ihnen trotz dargelegter Sicherheit bei PE-Noppenbahnen das Verlegen von Kunststoff im Inneren des Beetes nicht behagen, können Sie das Holzhochbeet auch doppelwandig gestalten. Die äußere Wand dient den statischen und visuellen Kriterien, die innere Doppelwand steht im Direktkontakt mit dem Erdreich und verrottet in einem Zeitraum von ca. 4–6 Jahren. Achten Sie bei solch einer Konstruktion darauf,

dass zwischen dem Innenbeet und dem Außenbeet ausreichend Abstand besteht. Dicht an dicht würde sich die Feuchtigkeit rasch auf die Außenhaut übertragen.

Holzschutz durch Ölen

Dieser Schutz ist eine sanfte Methode und auch im Ökogarten sinnvoll. Die sanfte Methode setzt voraus, dass die verwendeten Hölzer zumindest über Eigenschaften der Dauerhaftigkeitsklasse 3–4 verfügen. Wählen Sie Öle, die lebensmittelecht und im Außenbereich anwendbar sind. Es gibt mittlerweile auch Öle mit UV-Blocker. Sie erhalten den natürlichen Farbton des Holzes über einen längeren Zeitraum. Die Patina entwickelt sich verzögert.

Hinweis: Zusammengeknüllte ölgetränkte Tücher und Lappen neigen bei der Trocknung zur Selbstentzündung! Daher gebrauchte Lappen ausgebreitet trocknen lassen!

Holzschutzlasuren können außer mit dem Pinsel auch mit Schwamm, Walze oder einem Tuch aufgetragen werden.

Chemischer Holzschutz

Bei chemischem Holzschutz gibt es nicht zu Unrecht Vorbehalte in Bezug auf Umweltverträglichkeit und Gesundheit. Gerade im biologischen oder zumindest im ökologischen Garten scheint die »chemische Keule« unangebracht. Unstrittig ist, dass die Resistenz gegen Pilz-, Fäulnis- und Insektenbefall erhöht wird. Bleibt die Frage, wenn chemischer Holzschutz, welcher?

Die Liste an chemischen Schutzmöglichkeiten ist lang. Bereits beim Holzeinkauf stellt sich die Frage: Soll Holz entsprechend der Konstruktionshinweise unter Verwendung einer geeigneten Holzart verwendet werden, oder wird ein beliebiges Holz durch chemische Behandlung

Holzpflege leicht gemacht: Mit starkem Strahl werden organische Ablagerungen weggespült.

in die jeweilige Gebrauchsklasse gehoben? So können für den Außenbereich ungeeignete Hölzer, wie z. B. Fichte, durch chemische Behandlung resistente Eigenschaften der Gebrauchsklasse 3 oder 4 erhalten.

Das Thema ist so komplex, dass es sich nicht in wenigen Zeilen klären lässt.

Dennoch ein kurzer Überblick:

- Behandlung mit wasserlöslichen Holzschutzmitteln in Form von fixierenden Präparaten: Das Holzschutzmittel reagiert im Holz chemisch und verliert seine Wasserlöslichkeit. Die behandelten Holzteile dürfen während einer gewissen Zeitspanne nicht beregnet werden. Erst nach dem Ende der Fixierungszeit ist der Holzschutz voll entfaltet. Je nach Präparat sind diese Mittel formal nicht anzuwenden, wenn sie in direkten Kontakt zu Lebens- oder Futtermitteln kommen. Weitere Anweisungen auf Datenblättern und Entsorgungshinweise beachten!
- Behandlung mit lösungsmittelhaltigen Holzschutzmitteln: Nach dem Auftrag des Präparates entweichen die flüchtigen Lösungsmittelanteile durch Verdunstung. Zurück bleiben die Wirkstoffe, die in die Holzoberfläche eingesickert sind. Je nach Präparat sind diese Mittel formal nicht anzuwenden, wenn sie in direkten Kontakt zu Lebens- oder Futtermitteln gebracht werden. Weitere Anweisungen auf Datenblättern und Entsorgungshinweise beachten!
- Kesseldruckimprägniertes Holz (KD-Holz): Dieses Holz ist industriell durch ein aufwendiges Verfahren so behandelt, dass das Schutzmittel das zu schützende Holz gänzlich

durchdrungen hat. Bei der Imprägnierung wird ein Cocktail verschiedener Salzverbindungen im Holzinneren untergebracht. So behandeltes Holz ist von meist grüner bis gelegentlich rotbrauner Farbe. Für grüne Farbe sorgen Kupfer und Chrom, braune Farben ergeben sich durch einen Pigmentzusatz. Die so gewonnenen Resistenzen sind beachtlich. Nach Ende der Gebrauchsdauer handelt es sich um Sonderabfall!

Maßnahmen zur Holzpflege

Holzkonstruktionen, die dauerhaft im Garten verbleiben, sollten gelegentlich auf Ablagerungen von Schmutz, Erdreich oder organischem Material geprüft werden. Bleiben solche Ablagerungen über einen längeren Zeitraum bestehen, kann es zu vorzeitigen Verrottungserscheinungen kommen. Es schadet nicht, die Zwischenräume von Gartenholz mit dem Gartenschlauch aus nächster Nähe zu reinigen. Jeweils im Frühjahr und im Herbst intensiv abgespritzt, werden Rückstände abgespült und kompostieren nicht unbemerkt in den Spalten des Gartenholzes. Bitte lassen Sie den Hochdruckreiniger in der Garage stehen, er ist zu aggressiv. Der scharfe Strahl reißt kleine Teile der Oberfläche aus dem Material, die schützende Patina muss sich neu bilden, das geht auf die Substanz.

Trotz dieser Maßnahmen wird Holz unter den rauen Einflüssen der Natur nicht ewig halten, je nach Holzart und Konstruktion sind 15–40 Jahre möglich. Es ist anzuraten, das Beet so auszustatten, dass es den Kräften der Natur lange Widerstand leisten kann.

TIPP

Machen Sie sich beim Bau Ihres Hochbeetes Gedanken darüber, wie Wasser wohl »laufen« würde. Beginnen Sie in Gedanken von oben, dort, wo Regen oder Gießwasser seinen Ursprung hat und analysieren Sie den möglichen Weg nach unten. Achten Sie dabei insbesondere auf enge Spalten, direkte Verschraubungen ohne Abstand und insbesondere auf den Abschluss des Beetes. Wie ist es mit dem Boden verbunden? Steht es auf Sockelsteinen mit wenig nässendem Kontakt, oder steht es direkt auf dem Erdboden?

Konstruieren Sie stets mit Abtropfkanten und/oder Abstandhaltern, Hinterlüftung und sonstigen baulichen Maßnahmen die gebrauchsverlängernd wirken. Reinigen Sie Holz, das im Garten an bewitterten Stellen verbleibt gelegentlich mit einem Wasserstrahl aus dem Gartenschlauch. Er entfernt Ablagerungen aus Spalten, Fugen und Rissen, die sich ansammeln und unbemerkt für Verrottung sorgen. Achten Sie darauf, dass der Beetrahmen ringsherum frei belüftet bleibt.

Stellen Sie weitere Überlegungen darüber an, welche Holzart Sie verwenden möchten. Gerade in Hinblick auf die Eigenschaften und die Inhaltsstoffe des Holzes ist die richtige Wahl mitentscheidend für die Haltbarkeit und die zu erzielende Gebrauchsdauer.

Hochbeete aus anderen Materialien

Selbstredend gibt es neben Holz eine Reihe weiterer Materialien, die für den Bau von raffinierten Hochbeetlösungen infrage kommt.

Metall

Unter den Metallhochbeeten gibt es einen hohen Facettenreichtum. Es kann aus Stahl mit rostiger Patina sein, aus Edelstahl glänzend und unangreifbar für Alter und Umwelteinflüsse oder aus Aluminium mit Holzfoliendekor.

Metall hat viel zu bieten: Kaum ein anderes Material kann so dünnwandig verwendet werden. Oft reichen einige Zehntel Millimeter und ein Falz, schon ist es robust. Die Natürlichkeit vieler Gärten steht oft in heftigem Kontrast zu typischen Metallhochbeeten. Der Grund mag darin liegen, dass Metall in den meisten Fällen

Handwerklich perfektioniert wird schwerer Stahl mit Feingefühl für Formen zu einem ästhetischen Gartenobjekt mit Funktion.

eher kühl und distanziert wirkt und viele Metall-hochbeete aus industriell vorgefertigten Profilen hergestellt werden. Da bleiben Handwerk und Individualität auf der Strecke. Viele dieser Beete sind dennoch hochfunktionale Produktions-stätten für Gemüse, Kräuter und Salat.

Beton

Beton ist sehr wandelbar. Er kann sehr dünn und modern, rustikal oder auch verspielt ver-arbeitet werden. Viele Formen sind möglich.

Sehr rasch und einfach lassen sich Hochbeete aus zweckentfremdeten Betonschacht-Elemen-ten bauen. Dabei handelt es sich um große Be-tonringe die mit Erde befüllt alle Ansprüche an Hochbeete erfüllen. Solche Elemente gibt es in verschiedenen Durchmessern und Höhen über den Baustoffhandel zu kaufen. Diese Ringe kön-nen originell mit Fliesen und Mosaiken oder sonstigen Materialien verziert werden. Um Ab-platzungen der mühevoll gestalteten Verzierun-gen durch Frost zu vermeiden, sollte ein dafür geeigneter Kleber Verwendung finden. Ein hüb-scher Abschluss gelingt besonders gut mit Holz.

Betonringe sind nicht nur funktional und haltbar. Mit ein wenig Kreativität lassen sich graue Betonoberflächen mit Farben, Steinen oder Fliesen ansprechend verzieren.

Natürlich gibt es auch Hochbeete aus speziell für den Hochbeetbau gefertigten Betonelementen. Sie sind vom Material her sehr haltbar und sogar in Holzoptik erhältlich.

Wer den Aufwand nicht scheut, kann mit Gießtechnik beinahe jede Hochbeetform verwirklichen. Zu diesem Zweck muss vorab eine Form gebaut und mit Stahlgittern armiert werden. Diese Negativform wird ausgegossen. Lufteinschlüsse im Beton sollten dabei dringend vermieden werden. Gegossene oder gemauerte Hochbeete sind Bauwerke, die wohl überlegt sein sollten. Sie können nicht kurzerhand geleert und an einen anderen Ort gebracht werden, sondern werden auf Dauer in Ihrem Garten stehen.

Naturstein

Natursteine werden zunehmend auch für den Hochbeetbau verwendet. Beim Gemüseanbau haben sie den Nachteil der Dickwandigkeit.

Auch wenn sich Naturstein hervorragend für Trockenmauern und Kräuterschnecken eignet, lassen sie in Bezug auf ergonomische Hochbeete einige Fragen offen. Dickwandige Beetmauern stehen trennend zwischen Gärtner und Gemüse. Das erschwert die sonst leichte Bearbeitung.

Dennoch, Steine speichern Wärme und locken damit nützliche Reptilien an. Eine Trockenmauer oder ein Steinhaufen ist ein wertvoller Lebensraum und sollte in keinem Garten fehlen.

Viel Platz für Lauch, Kohlrabi, Salat und Karotten bietet dieses gemauerte Hochbeet.

Auch in kleineren Steingefäßen lassen sich Tomaten oder Erdbeeren kultivieren.

Ebenso langlebig wie attraktiv sind diese beiden Hochbeete aus Cortenstahl (unten) und in Natursteinoptik (oben).

Hochbeete in der Praxis

Ein sonniger Standort gehört zu den wichtigen Voraussetzungen, damit im organisch befüllten Minibeet alles mit voller Kraft sprießt. Die Nährstoffe aus der verrottenden Grünmasse im Inneren tun ein Übriges, um das Gedeihen und Blühen anzuregen. Hier wachsen appetitliche gesunde Gemüse und eine üppige Blumenpracht auf natürliche Weise heran.

Standortkriterien und Standortwahl

Ein guter Standort ist vorzugsweise ein ebener Platz mit ungehinderter Sonneneinstrahlung bis zur Mittagszeit, am besten in der Nähe eines Laubgehölzes, das während der Mittagshitze für ein, zwei Stunden erholsamen Schatten spendet, danach sollte das Hochbeet wieder bis abends in der Sonne stehen. Im Winter, Frühjahr und Herbst, wenn die Tage kühler und kürzer sind, ist der Baum nicht, noch kaum oder nicht mehr belaubt, somit stellt er für die wärmenden Sonnenstrahlen kein großes Hindernis dar. Das wäre der Idealzustand, der sich aber in den meisten Fällen nicht vollständig erreichen lassen wird. Gilt es doch im eigenen Freizeit- und Familiengarten auch noch andere Aspekte als den Gemüseanbau zu berücksichtigen. Selbstredend kommt der Gärtner aber um die Grundbedürfnisse der Pflanzen nicht herum.

Mit einem Hochbeet und Kräuter-Rondell an der Terrasse hat man Gemüse und Kräuter schnell zur Hand.

Ein gewisses Maß an Licht, Wärme, Wasser und Platz muss sein. Die Standortwahl für Ihr Hochbeet muss natürlich diese Grundbedürfnisse decken, wobei der Platzbedarf sehr relativ zu sehen ist. Mit zwei Quadratmetern lässt sich im Hochbeet schon richtig produzieren!

Nach dem frostigen Winter erwärmen sich Hochbeete rasch. Ein gewisser Effekt entsteht aus der Verrottungswärme im Inneren des organisch befüllten Beetes, vor allem bei frischer Befüllung. Dieser thermische Effekt verliert nach und nach an Wirkung. Wesentlicher ist, dass das Beet stets luftumströmt ist und nicht im »kalten« Erdboden liegt. Mikroklima ist in diesem Zusammenhang das Stichwort. Es beschreibt die Wechselwirkung von Bepflanzung, Geländebeschaffenheit und verbauten Materialien zueinander. Beispielsweise speichert eine Trockenmauer die Wärme der Sonnenstrahlen bis tief in die Nacht. Eine Hecke schützt gegen den kalten Nordwind und sorgt so an der Südseite für das eine oder andere Grad höherer Temperatur als auf freier Fläche. Eine Hausmauer reflektiert Sonnenstrahlen und Licht. Daher ist es an solchen Stellen im Garten im Mittel etwas wärmer als an anderen, freiliegenden Stellen. Infolgedessen ist die Gefahr von frühen Frostschäden etwas geringer und die Ertragschancen sind höher. Beobachten Sie Ihren Garten und machen Sie sich Gedanken darüber, wo das Beet unter diesen Aspekten die besten Bedingungen vorfindet. Dann wählen Sie Plätze aus, die auch aus visuellen oder praktikablen Gründen gut geeignet sind.

Hochbeete richtig befüllen

Wer schon einmal ein Hochbeet gebaut hat, wird sich gewundert haben, wieviel Volumen in ein Hochbeet passt. Um genügend Material zur Verfügung zu haben, sollte das Hochbeet im Spätherbst oder im zeitigen Frühjahr gebaut werden. Anfallende krautige Gartenabfälle und organisches Material aus dem Winterschnitt der Gehölze können so sinnvoll genutzt werden.

Für das Befüllen des Hochbeetes gibt es ein klassisches Konzept aus Stammholz und Ästen für die unterste Schicht. Diese untere, grobe Schicht sorgt dabei für eine gute Durchlüftung des Beetes und dient der Wasserdrainage.

Darauf kommt eine Schicht von dünnen Zweigen, Laub und Staudenschnitt soweit vorhanden. Dabei sollten aber keine größeren Mengen von stark gerbsäurehaltigem Laub z. B. von Walnuss oder Eiche eingefüllt werden. Diese Schicht nach Einfüllen gut festtreten, damit nicht zu viele Hohlräume entstehen und der Beetinhalt sich zu schnell absenkt. War an dem Standort, wo das Beet stehen soll, vorher Rasen, werden dann die abgestochenen Rasensoden mit der Erde nach oben in das Beet eingelegt.

Dann kommt eine dicke Schicht halbreifer Kompost als nächstes. In ihr entsteht durch den Abbau der organischen Pflanzenreste – mithilfe von unzähligen Mikroorganismen, Insekten und Würmern – Wärme und damit gute Kulturbedingungen.

Die obere Pflanzschicht ist eine Mischung aus ⅓ reifem, gesiebtem Kompost und ⅔ Gartenerde. Sie ist Wurzelraum für die Kulturen, Wasserspeicher und Nährstofflieferant für das darin wachsende Gemüse. Füllen Sie das Hochbeet immer ganz bis zum oberen Rand mit der Pflanzerde. Der Inhalt des Beetes sackt in den ersten Wochen immer noch nach. Alternativ kann die oberste Schicht auch aus fertig abgepackter Hochbeet-Pflanzerde aus dem Handel bestehen.

Ergänzt durch frische Erde- und Kompostgaben alle ein bis zwei Jahre kann das System so gut 7 bis 8 Jahre reiche Ernten liefern.

TIPP

Hochbeetfüllung auf einen Blick

- Zuunterst kommt eine dicke Schicht aus Holzstücken und dickeren Ästen.
- Dann füllt man eine Schicht dünne Äste und Staudenschnitt sowie Laub ein.
- Darauf kommen die eventuell bei der Anlage abgestochenen Rasensonden mit der Erdseite nach oben.
- Nun füllt man eine Schicht halbreifen Kompost ein, die später beim Verrotten Wärme frei setzt.
- Zuoberst kommt eine mindestens 15 cm dicke Pflanzschicht aus gesiebter Komposterde gemischt mit Gartenerde oder gekaufte Pflanzerde.

Von der Anzucht über die Pflege bis zur Ernte

Anzucht

Gemüsearten, die direkt auf das Hochbeet gesät werden, sind zum Beispiel Radieschen, Möhren und Spinat. Denn sie vertragen kein Verpflanzen. Einfacher geht die Aussaat, wenn man statt losem Saatgut Saatbänder verwendet. Darin sind die Samen zwischen zwei Papiervliesschichten gepresst, genau im richtigen Abstand zueinander. Bei der Verwendung von Saatbändern wird dieses nach dem Auslegen in der Saatrille gleich mit einer feinen Gieß-

brause angefeuchtet. Dann wird es mit einer dünnen Schicht Erde bedeckt und nochmals vorsichtig angegossen. Als Faustregel für die Saattiefe gilt, je größer das Saatgut, umso dicker muss es mit Erde bedeckt werden. Salatsamen brauchen nur eine dünne Abdeckung, Bohnen werden etwa 2–3 cm tief gesät.

Wer sich bei den übrigen Gemüsearten nicht viel Mühe mit der Aussaat machen will, nutzt z. B. für Kopfsalate, Mangold, Kohlrabi oder Rote Bete fertige Gemüsesetzlinge vom Wochenmarkt oder aus dem Gartencenter. Auch Fruchtgemüse gibt es dort ab April in großer Auswahl zu kaufen. Wem an ganz speziellen Sorten von Kürbis und Co. liegt, der kann diese natürlich auch aus Saatgut einzeln in kleinen Töpfen im Haus vorkultivieren und dann ab Mitte Mai auspflanzen.

Wärmeliebende Fruchtgemüse wie Kürbisse im Haus auf der Fensterbank in kleinen Töpfen vorkultivieren.

Pflege

Nach der Aussaat gilt es erst einmal, die Saatreihen gleichmäßig feucht zu halten. Am besten gießt man mit einer feinen Brause, so dass die Sämlinge nicht von einem zu scharfen Wasserstrahl aus dem Boden gespült werden. Im zeitigen Frühjahr und Herbst sorgt außerdem eine Frühbeetabdeckung oder ein Gartenvliestunnel dafür, dass die Samen geschützt keimen und der Boden gleichmäßiger feucht bleibt.

Gießen Sie im Verlauf der weiteren Wachstumszeit am besten immer am Morgen, damit die Pflanzen über Tag ausreichend Feuchtigkeit zur Verfügung haben. An sehr heißen Tagen kann am späten Mittag noch ein zweites Wässern nötig sein. Am Abend sollte man möglichst nicht wässern, da die Pflanzen dann ihren Stoffwechsel zurückfahren und man durch die feuchte Erde nur ein Wohlfühlklima für Schnecken schafft. Beim Gießen nicht Blätter und Stiele benetzen, sondern gezielt an die Basis der Pflanzen gießen.

Wichtig ist für die Pflanzenpflege vor allem im Frühjahr und Sommer das Auszupfen von unerwünschten Pflanzensämlingen, die auf dem Hochbeet auflaufen. Das geht bei bequemer Arbeitshöhe und mit einer Jätekralle leicht und ohne Bücken.

Ein frisch errichtetes Hochbeet braucht im Frühjahr erst einmal keine zusätzlichen Nährstoffe. Im Sommer sollte man Starkzehrer, also Gemüsekulturen, die in kurzer Zeit viel Blattmasse und Erntegut erbringen wie Zucchini, Kürbisse oder Gurken, regelmäßig einmal die Woche beim Gießen mit Pflanzenjauchen oder flüssigen organischen Düngern versorgen.

Ernte

So frisch wie vom eigenen Beet bekommt man grüne Salate, Radieschen oder Rucola nirgends. Eben noch in der wärmenden Vormittagssonne wachsend, hat man wenige Minuten später die ganze Naturkraft ihrer gesunden Inhaltsstoffe auf dem Teller ohne lange Transporte, zusätzlichen

Energieverbrauch durch Kühlung oder das ungute Gefühl, die Pflanzen könnten mit Pflanzenschutzmitteln jeglicher Art behandelt sein.

Generell sollte man frühe Gemüse wie Kohlrabi oder Spinat auch zeitig ernten, um leckeres zartes Erntegut zu haben, im Sommer und Herbst lässt man die späten Gemüsesorten ruhig ausreifen, dann sind sie besser lagerfähig.

Blattgemüse erntet man an heißen Tagen am frühen Vormittag. Dann sind die Blätter noch frisch und knackig. Bei Wurzelgemüse die Blätter gleich abdrehen, damit sie nicht welken und die Rüben daran anfangen zu schrumpfen. Das Erntegut möglichst gleich verarbeiten oder bis zur Verwendung im Gemüsefach des Kühlschrankes verwahren.

Vom Hochbeet frisch geerntet: Snackgurken, Brokkoli, gelbe Zucchini und Aubergine.

Isolierung, Vlies und Frühbeet

Gelegentlich werden Hochbeete angeboten, die von der Innenseite gegen Kälte isoliert sind. Dies scheint auf den ersten Blick recht sinnvoll, der Erdkörper kühlt während der kalten Tage weniger aus, im Herbst kann länger geerntet werden, die Durchfrostung ist geringer.
Im Umkehrschluss sind diese Beete auch gegen Wärme des beginnenden Frühjahres isoliert. Gerade hier wird deutlich, dass eine dauerhafte Isolierung der Beete mit Dämmstoffplatten zwischen Hochbeetwand und Erdreich eher hemmt als wirkt. Im Frühjahr steigt die Bio-aktivität mit der zurückkehrenden steigenden Temperatur rasch an, alles ist auf frisches Leben

Hochbeet mit Vliesabdeckung, die nachts über-gelegt und mit Steinen beschwert wird.

eingestellt. Das Hochbeet, umströmt von der ersten warmen Luft des Jahres, am besten kombiniert mit einem Vlies oder einem Früh-beet, schafft die Grundlagen für frisches Wachstum. Und das einige Wochen eher, als im umliegenden tief gefrorenen Erdboden. Nur das gut isolierte Hochbeet bleibt kalt. Eine abnehmbare Isolierung hingegen kann während der Wintermonate für einen gewissen Schutz sorgen, wenn die Tage wärmer werden, wird sie entfernt. Letztlich kommt es auf eigene Versuche an.

Eine sehr sinnvolle Maßnahme ist ein Pflanzen- oder Wachstumsvlies. Es ist leicht, dünn, wasser-durchlässig und wird entweder einfach über das Beet gelegt und mit kleinen Holzstäben oder kleinen Ästen auf Abstand gehalten oder mit Drahtbügel, Weidenruten oder anderen Hilfsmit-teln dicht über das Beet gespannt. Darunter ent-steht ein angenehmes Klima für die Pflanzen. Das Vlies liegt schützend über den Pflanzen und hält starke Luftbewegung von den Jungpflanzen fern. Durch verringerte Luftbewegung sinkt das Ausmaß der Verdunstung sowohl an den emp-findlichen Blättern der Pflanzen als auch am Erd-boden. Das ist wichtig, denn Verdunstung bewirkt eine Kühlung. In kalten Nächten gibt der Erdbo-den des Beetes, erwärmt vom Tage, Wärme ab.

Die Wärme wird durch das Vlies am raschen Entweichen gehindert und bleibt als schützen-des Polster unter dem Vlies. Es schafft ein feuchtwarmes Mikroklima, Temperaturspitzen werden gut geglättet. Wachstumsvliese sind im

Gegensatz zu Wachstumsfolien diffusionsoffen. Es entstehen keine an der Innenseite herablaufenden Tropfen, da überschüssiges Wasser nach außen entweicht. Zu hohe Luftfeuchtigkeit hebt das Risiko von Pilzbefall. Diese Gefahr besteht während der Jahresübergangszeiten nur in geringem Maß, da für Pilzwachstum höhere Temperaturen nötig sind. Besonders im Frühjahr und Frühsommer bewirkt ein Garten- oder Wachstumsvlies den entscheidenden Unterschied. Bei starker Sonneneinstrahlung wirkt es als zarte Beschattung und verhindert Sonnenbrand und übermäßige Austrocknung.

Frühbeete hingegen sind wahre Sonnenfänger. Während der Jahresübergangszeiten sind sie vor allem in Kombination mit Hochbeeten sehr effizient einzusetzen, da die Wärme der ersten Sonnenstrahlen noch sehr flüchtig ist. Unter einer Glashaube gefangen, erwärmen die Strahlen den Erdboden und somit auch die Luft. Der Boden gibt seinerseits während der kalten Nacht die gespeicherte Wärme langsam ab. Hier schützt die leicht aufgewärmte Luft die Pflanzen vor Frostschäden. Sehr gut kombinierbar ist das Frühbeet mit einem Wachstumsvlies, es reduziert die Verdunstung. Es wird einfach in das Frühbeet über die Pflanzen gelegt. Die Kombination aus erwärmtem Erdboden, Isolation durch das Vlies und der weitere Schutz durch das Frühbeet führt zu beeindruckenden Startbedingungen. Sollte eine späte Frostwelle nahen, helfen Grablicht- oder Ölkerzen die harten Minusgrade abzuwehren. Trotzdem ist das Lüften zur Wärmeregulation unerlässlich.

Ideal ist die Erweiterung eines Hochbeetes zu einem Kleingewächshaus. So werden die Vorteile des Hochbeetes mit den Vorteilen eines Treibhauses kombiniert. Infolgedessen lassen sich auch sehr wärmebedürftige Pflanzen in kühleren Regionen kultivieren. Wichtig ist in diesem Zusammenhang, dass Austrocknung entgegengewirkt und Stauwärme vermieden wird. Kräftiges Lüften sorgt an warmen Tagen für gute Durchlüftung.

Mit einem Treibhäuschen auf dem Hochbeet können empfindliche oder wärmeliebende Kulturen entsprechend gut versorgt werden. Es ergeben sich nicht nur in exponierten Lagen ungeahnte Möglichkeiten in Bezug auf Erntesicherheit und Ertrag. Es ist sogar eine Überlegung wert, ob solch charmante Hochbeet-Frühbeet-Häuschen ein raumnehmendes Glashaus ersetzen können.

Ein Frühbeet verwandelt das Hochbeet in ein optisch ansprechendes Kleingewächshaus.

Bewässerung der Pflanzen

Beim gemeinschaftlichen Leeren einer Wein-
flasche können viele gute Ideen entstehen.
Die übrig gebliebene Flasche kann anstelle
einer ordnungsgemäßen Entsorgung auch als
Bewässerungsgerät dienen. Mit Wasser gefüllt
und kopfstehend in den Erdboden gedrückt,
wird das Wasser durch den Kapillareffekt langsam aus der Flasche gezogen. Bei größeren
Pflanzen kann eine zweite oder dritte Flasche
um den Stamm platziert werden. Originell ist
dieses Bewässerungssystem allemal und ist
ein Protest gegen die grenzenlose Wegwerf-
mentalität.

Mit Frühbeet-Abdeckung (Juwel) trocknen die Ge-
müse-Aussaaten nicht so schnell aus.

Ein schlüssiges Bewässerungskonzept kann
im Privatgarten oder auf Terrasse und Balkon
helfen, Dürreschäden an Pflanzen zu vermeiden. Es nimmt Ihnen die regelmäßige Verpflich-
tung des Gießens ab. Bei der Wahl eines für
Sie geeigneten Systems, sollten Sie sich darüber
Gedanken machen, was Sie von einer auto-
matischen Bewässerung erwarten.

Für Hochbeete und Pflanzen in Gefäßen wie
Trögen oder Töpfen sind Sprinkleranlagen, also
kleine Wasserspritzer, nicht sonderlich geeignet.
Nachteilig ist, dass nicht nur der Erdboden,
sondern auch die Pflanzen sowie die nähere
Umgebung beregnet werden, was die Gefahr
von Pilzerkrankungen erhöht. Zudem ist eine
Sprinkleranlage nicht sehr wassersparend und
eher für große Flächen geeignet. Zielgerichteter
zu steuern sind Bewässerungen mit einem
Tropfschlauch. Die Nässe wird direkt über
Lochungen auf den Boden aufgebracht und
über das saugende Erdreich verteilt. Pflanzen
entnehmen die angebotene Feuchtigkeit. Diese
Bewässerungsmethode ist sehr sparsam im
Wasserverbrauch, Verdunstung findet nur über
dem Erdboden statt und kann mit Mulch oder
Mulchvlies deutlich reduziert werden. Die Was-
sermengensteuerung kann mittels Zeitschaltuhr
oder auch über einen Feuchtigkeitssensor erfolgen. Feuchtigkeitssensoren ermöglichen dabei
ein direktes Reagieren auf bevorstehenden
Wassermangel oder erlauben weitgehend kons-
tant eingestellte Feuchtigkeitsgrade. Das macht
durchaus Sinn, denn im Sommer verlangen die
Pflanzen nach deutlich mehr Wasser als im

Frühjahr und Herbst. Bei Regenwetter wird nicht zusätzlich gegossen. Zeitschaltuhren hingegen müssen hinsichtlich der Bewässerungsdauer an die jeweiligen Jahreszeiten und an die Wetterlage angepasst werden.

Gerade in Bereich der Automatisation ist ein großer technischer Umbruch im Gange. Einige Heimautomatisierungssysteme sind dabei zukunftsweisend. Sie schaffen, Ihr persönliches Interesse und Ihren Mut vorausgesetzt, den Spagat zwischen allen Automatisierungsbereichen im Haus und Garten. Von Lichtsteuerung angefangen über Heizung, Jalousien, Zutrittskontrolle und eben auch Bewässerung im Garten sowie zusätzlich Beschattung und Lüftung von Gewächshäusern. Die Möglichkeiten sind dabei vielfältig, es handelt sich um skalierbare Alleskönner, die im Preis erstaunlich günstig sind.

In kleinen Gefäßen, wie dem Blumenkasten, kann eine Kapillarbewässerung gute Dienste leisten. Im Inneren des Kastens befindet sich ein Wasserspeicher, der sich beim Gießen füllt. In diesen Wasserspeicher ragen von oben Dochte aus Glasfaser, sie übertragen durch das Kapillarprinzip die Feuchtigkeit aus dem Speicher direkt an die Wurzeln. So werden die Pflanzen mit Wasser versorgt. Auch hier hilft das Abdecken der offenen Erdflächen mit Vlies oder durch Mulchen.

Bewässerungsschläuche sorgen für gute Feuchtigkeitsbedingungen.

Tropfsysteme stehen für zielgenaue Bewässerung. So findet jeder Tropfen seine Verwendung.

Schutz vor Schädlingen

Es liegt in der Natur, dass die leckeren Kultur-
pflanzen, die man gerne für sich und seine
Lieben beansprucht, auch bei anderen Lebe-
wesen Begehrlichkeiten heraufbeschwören.
Es kommt keine Freude auf, wenn Maden von
Gemüsefliegen oder Raupen des Kohlweißlings
reiche Ernteaussichten vergällen. Plagegeister,
wie viele Insektenarten, Wühlmäuse und des
Nachbarn grabende Katze, aber auch Schnecken kommen Sie mit feinmaschigen Schutz-
netzen bei.

Diese Schutznetze werden dem Vlies gleich
über die schutzbedürftigen Pflanzen gelegt oder

**Der Schnegel, als Schädling verrufen, hilft gegen Un-
geziefer: Er frisst Aas, Schnecken und deren Gelege.**

gespannt. Die Anschlussstellen zum Erdreich
sind die verbleibenden gefährdeten Bereiche.
Diese können mit Erdspießen, Bändern oder
auch einfach mit Steinen gegen Wind gesichert
werden. Im Falle von Pflanzkästen oder Eimern
wird das Netz über den Rand gezogen und mit
einer Schnur oder einem Gummiband an der
Außenhülle fixiert. So ist das Eindringen uner-
wünschter Gäste ausgeschlossen.

Von Schnecken und Schnegeln

Vielerorts meint man, den eigenen Augen nicht
zu trauen. Es wälzt sich an feuchtwarmen Tagen
mit beginnender Abkühlung und Dunkelheit
eine rotbraune Masse aus hunderten Einzel-
tieren in Richtung der wie der eigene Augapfel
gehegten Gemüse- und Salatpflanzen. Epide-
misch breiten sich die Schnecken aus und ver-
lassen den Schauplatz des großen Fressens erst
nach Rodung oder mit den nächsten Sonnenstrahlen. Das ist dramatisch, doch es gibt Möglichkeiten, ihnen Einhalt zu gebieten.

In jedem Fall ist der naturnahe Garten von Vorteil, denn er beherbergt eine Vielzahl von natürlichen Feinden der Schnecken. Wo Blätter und
Laub im Herbst liegen bleiben, ist der Laufkäfer
nicht weit. Fleischfressende Insekten überfallen
Schnecken, denn im Wesentlichen sind diese
wehrlos. Darüber hinaus bewohnen eine gute
Anzahl weiterer Tiere, die Schnecken auf dem
Speiseplan haben, den naturnahen Garten. Gerne
gesehen ist der Igel, für ihn lohnt es Reisig- und

Laubhaufen bereitzustellen. Auch Kröten, Nattern, Eidechsen sowie einige Vogelarten ernähren sich von Schnecken und deren Gelege.

Die Überraschung ist groß, steht auch eine Schneckenart dem Gärtner im ungleichen Kampf zur Seite: Der Schnegel. Gerade er ist besonders schützenswert, steht er als Nacktschnecke unter Generalverdacht des Schädlings. Der Schnegel ist nicht sonderlich an gesunden Pflanzen interessiert, sondern frisst, allen voran der Tigerschnegel, Aas, Schnecken und deren Gelege, abgestorbene Pflanzenteile und weidet Pilze und Algen. Der Schnegel hilft nach Meinung einiger Experten, die Spanische Wegschnecke in Zaum zu halten. Auch bei der Umsetzung organischen Materials in wertvollen Humus sind Schnegel wie auch Schnecken beteiligt. Wer den Tigerschnegel bei sich im Garten vorfindet, kann sich glücklich schätzen! Er wurde zum Weichtier des Jahres 2005 gewählt.

Das Hochbeet kann bei großem Schneckenverdruss gute Dienste leisten. Zwar können Schnecken auch gelegentlich die Wände von Hochbeeten erklimmen, doch fehlt ihnen auf dem Weg ins Hochbeet die schützende Deckung. Im Beet hinterlassen sie Fraßspuren, ein eindeutiges Indiz auf ihre Anwesenheit. Dank der angenehmen Hochbeethöhe kann das Absammeln der wenigen Tiere im Vorübergehen erfolgen. Sollten Sie in einem regelrecht »schneckenkontaminierten« Gebiet leben, haben Sie im Falle des Hochbeetes noch weitere Optionen.

Schneckenzäune gibt es in verschiedenen Ausführungen. Als besonders effizient haben sich elektrische Schneckensperren erwiesen. Bei

Berührung bekommt die Schnecke einen schwachen Stromschlag, ähnlich wie die Kuh vom Weidezaun, ungefährlich für Mensch und Tier. Sperren dieser Art gibt es auch solarbetrieben. Im Handel erhältlich sind außerdem Schneckenschutzwinkel, die so geformt sind, dass Schnecken beim Überqueren mangels Halt abfallen. Eine weitere Möglichkeit sind Schnecken-Pasten oder Schnecken-Gel. Sie müssen dermaßen abscheulich auf Schnecken wirken, dass sie lieber den Rückzug antreten als darüberzukriechen. Freilich gibt es auch weniger rücksichtsvolle Mittel zur Schneckenbekämpfung. Diese Mittel, wenngleich sehr effizient, machen jedoch keinen Unterschied zwischen Spanischer Wegschnecke und anderen nützlichen Schnecken.

Eine Maschenweite von 8 × 8 mm mit Beilagscheiben verschraubt, schützt vor Wühlmäusen.

Hochbeete selber bauen: Das klassische Hochbeet

Dieses Hochbeet wurde nach den Regeln des konstruktiven Holzschutzes konzipiert. Bei der Konstruktion wurde beispielsweise darauf geachtet, Kontaktflächen zwischen Hölzern zu vermieden, um schnelles Abtrocknen zu gewährleisten. Daher kann man von einer langen Lebensdauer ausgehen.

Die Bauanleitung

Ein Hochbeet zu bauen kann, Freude an handwerklicher Arbeit vorausgesetzt, viel Spaß bereiten. Wichtig: Haltbar muss es sein! Nachfolgend erhalten Sie einen Überblick.

Das vorgestellte Hochbeetkonzept wurde von der Firma Gartenfrosch GmbH entwickelt, um Ihnen einen konkreten Einblick in den Bau eines Holzhochbeetes zu geben, das robust genug ist, damit Sie jahrelang erntefrisches Gemüse genießen können. Es ist nach den bislang erläuterten Regeln des konstruktiven Holzschutzes geplant und kommt daher gänzlich ohne chemische Behandlung aus. Bei Verwendung von Douglasie oder Lärche ist eine Gebrauchsdauer von zumindest 15–20 Jahren angepeilt.

Genau so sieht Ihr robustes selbstgebautes Hochbeet nach beiliegender Anleitung aus.

Lärchen- und Douglasienholz können Sie in Sägewerken erwerben, eine kurze Telefonrecherche gibt Ihnen einen Überblick. Baumärkte führen vorwiegend Fichte in Dimensionen 44 × 44 mm oder 54 × 54 mm. Falls Sie sich für Fichte aus dem Baumarkt entscheiden, wird die angepeilte Mindestgebrauchsdauer von 15–20 Jahren nicht erreicht. 10–12 Jahre scheinen realistisch.

Der folgende Bauplan verfolgt den Ansatz eines nicht zu großen Beetes, um es gut bearbeitbar zu halten. Dabei handelt sich um die Grundmaße 180 × 120 cm. Die Höhe können Sie durch die Anzahl der Balken variieren, die Anleitung beschreibt das Beet mit einer Höhe von ca. 80 cm. Daraus ergeben sich knapp zwei Quadratmeter Anbau- und Erntefläche auf angenehmer Stehhöhe. Ein gefüllter Hochbeetkasten kann sehr schwer werden und einen hohen Druck zu den Seitenbrettern ausüben. Die vorliegende Konstruktion kann diese Kräfte spielend aufnehmen, da sie ähnlich einer Strickleiter das Gewicht und den Druck in eigene Festigkeit umwandelt. Der handwerkliche Anspruch für den Bau dieses Beetes ist nicht sehr hoch, mit ein wenig Geduld und Ausdauer werden Sie schnell gute Baufortschritte erzielen. Das Beet ist so entworfen, dass es ohne statisch belastete Verschraubungen auskommt, da es im Steck- und Fädelsystem aufgerichtet wird.

Die ersten Arbeiten werden nach der Bereitung eines geeigneten und sicheren Arbeitsplatzes das Ablängen (Zusägen) der Hölzer und Bohrarbeiten sein. Nach diesen beiden Arbeiten ist das Beet beinahe fertig und muss nur noch aufgerichtet werden. Nach dem Aufrichten des Beetes wird das Gitter gegen Wühlmäuse eingefügt. Mit dem Einbau der Noppenfolie werden Sie den Bau Ihres Beetes abschließen. Aber nun Schritt für Schritt…

TIPP

Sie können die entsprechenden Baumaterialien auch im Set online unter **www.holz-hochbeet.info** bestellen. Dort finden Sie auch weitere Infos.

Sie benötigen folgende Materialien

- Kantholz im Querschnitt 5,4 × 5,4 cm, ca. 72 lfm, 24 Stück (abhängig von der Beethöhe), Preis ca. 200 Euro
- Brettware ca. 7,8 cm breit als Beetabschluss, 2 Stück, Preis ca. 15 Euro
- Gewindestangen M8 × 1 m Anzahl 12 Stück, Preis ca. 18 Euro
- 24 Muttern M8, Preis ca. 8 Euro,
- 24 Beilegscheiben DIN 9021/8,4 verzinkt, Preis ca. 2 Euro
- Holzschrauben Dimension 4 × 40 verzinkt Anzahl ca. 100 Stück, Preis ca. 6 Euro
- Holzschrauben Dimension 5 × 70 verzinkt Anzahl ca. 20 Stück, Preis ca. 2 Euro
- Beilegescheiben DIN 9021/4,3 verzinkt Anzahl ca. 100 Stück, Preis ca. 2 Euro
- Abstand- bzw. Distanzhalter 1 cm hoch, Innendurchmesser passend auf Gewindestange M8, Außendurchmesser ca. 20–25 mm Anzahl ca. 200 Stück, Preis ca. 40 Euro (alternativ je Abstandhalter 4 Beilegscheiben DIN 9021/ 8,4 aufeinander ergibt ca. 800 Scheiben, Preis ca. 50 Euro)
- 4 Betonplatten oder Betonsteine als Eckpunktauflage, Preis ca. 12 Euro
- Engmaschiges Gitter gegen Wühlmausbefall 2 m², Preis ca. 16 Euro
- Noppenbahn ca. 7 m² (ggf. auf Baustellen nachfragen, da originalverpackte Rollenwaren 40–50 m² beinhalten). Der m²-Preis beträgt 2–3 Euro.

Sie benötigen folgende Werkzeuge

- Bohrmaschine mit Bohrständer
- Kappsäge (notfalls auch Stichsäge/Handsägen wie Japansäge oder Fuchsschwanz)
- Akkuschrauber (Handschraubenzieher möglich, aber zeitintensiv)
- Maßband oder Meterstab
- Cutter/Teppichmesser oder Schere
- Kleine Eisensäge (Bügelsäge, für wenige Euro im Baumarkt erhältlich)

Zusägen der Hölzer

Es werden je nach Hochbeethöhe 12 oder mehr Kanthölzer mit der Dimension 54 × 54 mm in den Längen 107, 120, 167 und 180 cm benötigt. Falls Sie eine Kappsäge zur Verfügung haben, wird Ihnen die Arbeit besonders leicht von der Hand gehen. Zeichnen Sie die Maße an und schneiden Sie relativ präzise ab. Genauigkeiten von 1 mm sind bei guter Vorbereitung kein Problem. Falls Sie per Stichsäge oder per Hand absägen, werden Sie diese Genauigkeit vermutlich nicht ganz erreichen. Versuchen Sie trotzdem relativ genau zu arbeiten, damit später die Löcher übereinander passen. An dieser Stelle sei jedoch erwähnt, dass viele Baumärkte Holz auf Kundenwunsch zusägen. Sind die Hölzer zugeschnitten, kann mit den Bohrarbeiten begonnen werden.

Hier liegt es, das Hochbeet im Eigenbau, und wartet auf den Aufbau.

Bauanleitung Schritt für Schritt

1 Zunächst wird der Bohrplatz vorbereitet. Insbesondere bei der nachfolgenden Arbeit zahlt es sich aus, ein wenig Zeit in eine Bohrschablone zu investieren. Es werden viele Löcher mit immer derselben Einstellung gebohrt. Jedes einzeln anzuzeichnen erhöht die Fehlerquote und dauert unnötig lang. Zeichnen Sie die zu bohrenden Löcher entsprechend dem Bauplan an einem Holz an. Die jeweils längeren Kanthölzer der jeweiligen Seite (180 und 120 cm) werden beidseitig von außen nach 2,7 und nach 9,2 cm mittig durchbohrt, die jeweils kürzeren Hölzer (167 und 107 cm) jedoch nur nach 2,7 cm. Befestigen Sie zum Zweck der Herstellung einer Bohrschablone ein längeres Brett so auf der Bohrtischfläche, dass Bohrständer und Brett fest miteinander verbunden sind.

Achten Sie bei der Bearbeitung auf angemessene Arbeitssicherheit, Späne dürfen nicht bei laufender Bohrmaschine weggewischt werden. Verletzungsgefahr!

Legen Sie nun das zum Bohren angezeichnete Werkstück auf die vorbereitete Unterlage und zentrieren Sie die Bohrspitze auf das spätere Loch. Nun können Sie mit Holzresten Anschlagbacken erzeugen, die für alle weiteren Löcher den dieses Maßes den richtigen Abstand vorgeben. Erzeugen Sie zuerst alle Löcher des Abstands mit 2,7 cm, diese werden in alle Kanthölzer gleichermaßen gebohrt.

Danach bohren Sie die Löcher mit dem Abstand von 9,2 cm in die Hölzer mit den Abmessungen 180 und 120 cm.

Dazu gehen Sie wie bereits im vorhergehenden Schritt vor. Die Anschlagbacke muss auf das neue Maß, 9,2cm, versetzt werden.

Bevor Sie nun alles eifrig bohren, halten Sie kurz inne, um zu prüfen, ob die Löcher an den richtigen Positionen sind. Überprüfen Sie, ob sich die Eckverbindungen wie geplant aufeinander schieben lassen.

So das der Fall ist, versehen Sie alle Hölzer mit den Längen 180 und 120 cm mit den beiden weiteren Löchern.

2 Die Vorbereitung ist abgeschlossen, nun liegen alle Kanthölzer für den Aufbau bereit.

Zu Beginn stecken Sie auf jede der zwölf Gewindestangen eine Beilegscheibe und schrauben eine Mutter M8 unterseitenbündig auf. Nehmen Sie zwei der Hölzer mit 180 cm Länge und stecken Sie in jedes der Löcher eine Gewindestange. Nun nehmen Sie zwei der kurzen Hölzer mit 107 cm Länge und verfahren ebenso.

3 Stecken Sie nun auf jede Gewindestange einen Abstandshalter (alternativ drei bis vier Beilegescheiben). Mit dem 120 cm langen Holz wird die Eckkonstruktion durch Überlappung zusammengehängt. Gegenüberliegend wird in gleicher Weise vorgegangen. Nun findet auf jeder der Längsseiten ein Holz mit 167 cm Platz. Wieder Abstandhalter einsetzen und wechselweise die nächste Reihe aufsetzen. Richten Sie das Beet auf den Betonsteinen auf. Sie dienen als Standsockel und verhindern den direkten Kontakt mit dem Erdboden.

Fädeln Sie ähnlich einem Blockhaus die Stangen immer überkreuzt auf (vergessen Sie dabei die Abstandhalter nicht) bis alle Stangen verbaut sind. Als vorübergehender Abschluss wird je eine Beilegscheibe auf jede Gewindestange gesteckt und mit einer M8-Mutter gefühlvoll verschraubt. Bei dieser Verschraubung geht es nicht darum, dass das Beet fest zusammengehalten wird. Daher ist händisches Verschrauben ausreichend. Den Überstand der Gewindestangen einfach bündig zur Mutter mit einer kleinen Eisensäge abtrennen.

4 Nun muss das Gitter gegen Wühlmausbefall befestigt werden. Es wird am besten gefalzt, aufgebogen und mit kleinen Schrauben (4 × 40 und kleine Beilegscheibe aufstecken) in Abständen von ca. 20 cm auf unterster Höhe an die Beetinnenseite geschraubt. So ist es optimal verlegt und schließt mit dem untersten Holz bündig ab.

5 Bevor das abschließende Handlaufbrett montiert werden kann, ist es auf Maß abzuschneiden. Die Positionen für die Schraubenlöcher sind in der Skizze angegeben. Der Handlauf wird unter Beilage von Abstandshaltern am obersten Rahmenholz befestigt. Der Handlauf hat nach innen einen Überstand von gut 1 cm, nach außen etwas mehr. Fixieren Sie den Handlauf mittels Schrauben (4 × 7) am besten so, dass Sie durch die Abstandhalter hindurch treffen.

6 Danach kleiden Sie das Beet mit der Noppenfolie aus, sie lässt sich gut mit einem Cutter/Teppichmesser schneiden. Die Noppenbahn kann auch aus mehreren Stücken bestehen, achten Sie dabei aber auf ausreichend Überlappung. Die Noppenbahn wird so montiert, dass sie von unten an den Handlauf stößt, damit sich keine Schnecken dahinter verstecken können und das Erdreich im Beetinneren bleibt. Da der Handlauf ein wenig nach innen überlappt, kann die Noppenfolie darunter optimal eingefügt werden. Befestigen Sie sie ausreichend (in jeder dritten oder vierten Noppe) mit Schrauben (4 × 40 und kleine Beilegscheibe aufstecken) am obersten Rahmenholz, hängend nach unten. Die Zugkraft durch das Absacken der Erde ist nicht zu unterschätzen. Weil das Erdreich die Folie nach unten zieht, sind weitere Befestigungen der Noppen im unteren Bereich nicht sinnvoll. Diese Schrauben würden lediglich ein straffes Anlegen an der Beetinnenseite verhindern.

Kontrollieren Sie nochmals, ob das Beet fest auf den Sockelsteinen steht. Damit ist der Bau abgeschlossen und Sie können mit der Befüllung beginnen. Befüllen Sie das Beet gleichmäßig, damit sich die Druckverhältnisse im Beet ausgleichen. Wenn das sich setzende Erdreich seine Kraft entfaltet, werden alle Verbindungen und Holzteile auf Zug belastet und unglaublich fest.

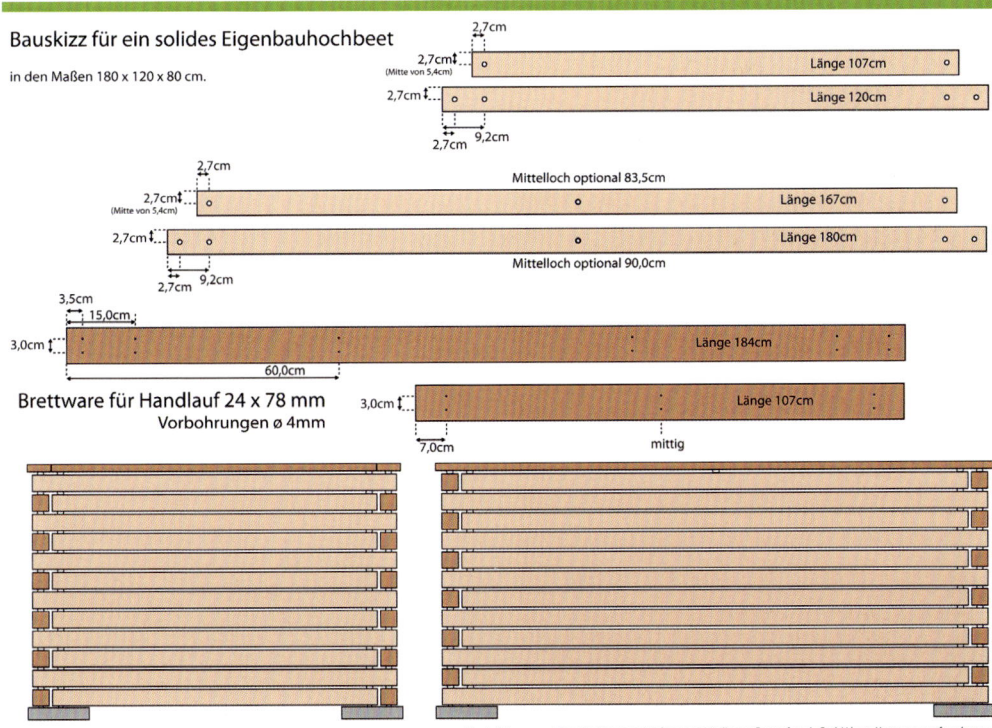

Bauskizz für ein solides Eigenbauhochbeet in den Maßen 180 x 120 x 80 cm.

Brettware für Handlauf 24 x 78 mm
Vorbohrungen ø 4mm

Für nichtkommerziellen Nachbau zur Verfügung gestellt von Gartenfrosch GmbH http://www.gartenfrosch.com

Bauskizze für ein Eigenbau-Hochbeet. Gutes Gelingen!

Hochbeete selber bauen: Die Küchengarten-Box

Dieses dreiteilige Hochbeet kann man mit wenig Mühe an einem Wochenende selbst bauen – auch mit wenig handwerklicher Erfahrung. Die Materialien hierzu findet man preiswert in fast jedem Baumarkt. Die Kombination aus Hochbeet-Element, Kräuter-Rondell und flachem Pflanzkasten bietet Platz für vielerlei Gemüse und aromatische Kräuter. Sie ist auch für kleine Gärten ideal, ein kompletter Mini-Küchengarten.

Die Bauanleitung

Die Küchengarten-Box – ein Standardhochbeet mit zwei Erweiterungs-Elementen – kann man komplett oder auch nur als einfaches Hochbeet mit 2 × 1,20 m Grundfläche bauen. Je nachdem, wie viel Platz man zur Verfügung hat. Mit Kräuter-Rondell und flachem Pflanzkasten ist sie 3,35 × 1,20 m groß und 95 cm hoch.

Alles aus dem Baumarkt

Alles, was man für die Küchengarten-Box braucht, gibt es in jedem größeren Baumarkt zu kaufen. Im zeitigen Frühjahr findet man das Bauholz, hier Universalbretter aus Douglasie in zwei Standardlängen, oft sogar günstig im Sonderangebot.

Aus den 2-Meter-Brettern werden die beiden Längsseiten des Beetes gebaut. Die 3-Meter-Bretter lässt man im Baumarkt gleich in zwei Bretter à 1,20 m sägen und erhält dabei 60 cm lange Reststücke. Das Zuschneidenlassen spart viel Arbeit und erleichtert den Transport nach Hause. Aus diesen Zuschnitten entstehen die Stirnseiten des Hochbeetes, die 60 cm langen Bretter können für den Pflanzkasten an der Nordseite des Hochbeetes verwendet werden.

Die Vierkantpfosten lässt man jeweils in der Mitte auf 1,05 m Länge durchsägen.

So wird gebaut

Hochbeet-Element

Am besten baut man die Seitenteile für den Beetrahmen auf einem trockenen, sauberen Untergrund auf und transportiert sie dann an

Alle Materialien zum Bau des Beetes sollte man sich auf einem sauberen Untergrund bereitlegen.

Materialliste

Hochbeet-Element:

- 22 Universalbretter Douglasie,
  19 mm × 95 mm × 2000 mm
- 11 Universalbretter Douglasie,
  19 mm × 95 mm × 3000 mm
- 3 Vierkantpfosten 7 × 7 × 210 cm,
  hochdruckimprägniert
- 7 m² Noppenbahn aus Spezial-PE
  (Breite 100 cm)
- 1 Gewindestange M8, 200 cm lang
- 4 Muttern M8
- 2 Unterlegscheiben D1
- 2 Packungen Edelstahlschrauben Spax
  T 20 4 × 40 mm (125 + 250 Stück)
- 1 Rolle 6-Eck-Geflecht aus verzinktem
  Eisen (75 cm × 10 m) mit Maschenweite
  ca. 15 × 20 mm
- 2 × 0,75 ml Holzöl für Douglasienholz.

Kräuter-Rondell:

- 2 Rollpalisaden 30 × 200 cm
- 8 Edelstahl-Schrauben (siehe links)
- 1 Stück Teichfolie (ca. 1,20 × 1,00 m)
- 5 Kalksandsteine 240 × 115 × 71 mm
- 1 Sack Kieselsteine
- ½ Schubkarre Sand.

Pflanzkasten:

- 1 Dachlatte 40 × 60 × 200 mm
- 2 Winkel-Verbinder aus Edelstahl
  (40 × 40 × 2 mm)
- 52 Edelstahl-Schrauben (siehe links)
- 1 Stück Teichfolie (1,20 m × 30 cm).

Werkzeuge:

Akkuschrauber, Bohrmaschine, Cutter, kleine Eisensäge, Elektro-Tacker, Hammer, Holzbohrer Gr. 9, Wasserwaage, Winkeleisen, Zollstock.

den endgültigen Standort. Soll das Beet auf einer Fläche stehen, wo vorher Rasen war, trägt man die Rasensoden zunächst ab und lagert sie zwischen. Steht das Beet direkt auf Erde, am Standort den Boden auf der Beetfläche von 2 × 1,20 m etwa 10 cm tief ausheben.

Alle Materialien bereitlegen und los geht's. Zuerst wird ein Seitenteil gebaut, dann das zweite. Diese werden an beiden Stirnseiten mit je zwei Brettern à 1,20 m oben und unten zu einem rechtwinkeligen Rahmen verbunden. Diesen baut man am Beet-Standort mit den restlichen Stirnbrettern fertig.

Das Beet mit den Pfosten etwas in die Erde klopfen und das Ganze mit einer Wasserwaage ausrichten. Dann werden in beide Mittelpfosten auf etwa 50 cm Höhe die Löcher für die Gewindestange zur Stabilisierung gebohrt. Nun kommt die Noppenbahn in das Beet, wird rund herum gerade ausgerichtet und am oberen Rand festgetackert. Danach wird das Schutzgitter gegen Wühlmäuse auf dem Boden des Hochbeetes ausgelegt und ebenfalls festgetackert. Dann kann das Beet befüllt werden. Erst danach wird der obere Ablagerand des Beetes aufgeschraubt.

Pflanzkasten

Der flache Pflanzkasten an der Nordseite des Beetes kann aus den Abschnitten der 3 Meter langen Bretter gebaut werden, die beim Zuschnitt der Längsseitenbretter angefallen sind. Diese reichen für eine Beethöhe von knapp 30 cm. Die Bretter werden mithilfe eines Winkeleisens mittig und rechtwinklig an ein Stück Dachlatte von etwa 40 cm Länge geschraubt. Gegengleich werden noch einmal drei Restbretter auf der anderen Seite festgeschraubt. Das ergibt die Stirnseite des Beetes.

An beide Enden wiederum ein Stück Dachlatte schrauben und daran die restlichen Bretter, sodass ein dreiseitiger Rahmen entsteht. Dieser wird dann an das Hochbeet geschraubt. Den Pflanzkasten von innen mit Teichfolie auskleiden, Drahtgeflecht gegen Wühlmäuse einlegen, festtackern und mit Erde füllen.

Kräuter-Rondell

Für die untere Etage des Rondells die Erde an der südlichen Stirnseite des Beetes im Halbkreis etwa 6 cm tief ausheben. Eine Rollpalisade ausrollen und so aufstellen, dass die vordere Mitte etwa 75 cm von der Stirnseite des Beetes entfernt ist. Die beiden Enden mit je zwei Schrauben am Hochbeetrahmen befestigen. Ein Stück Teichfolie als Nässeschutz an die Stirnseite des Hochbeetes tackern. Die Kalksandsteine als Basis für die obere Kräuteretage im Halbrund aufstellen. Die zweite Rollpalisade auf die entsprechende Länge bringen, indem man mit einer Kneifzange die Drähte zwischen den Hölzern des Borders durchtrennt. Dann die Rollpalisade auf den Steinen ausrichten und an

der Hochbeetwand festschrauben. Auch auf Höhe der zweiten Etage wird noch ein Stück Teichfolie als Nässeschutz an der Hochbeetwand befestigt.

Den Untergrund des inneren Halbkreises mit Kies und Geröll auffüllen. Zum weiteren Auffüllen des Rondells den Erdaushub mit Kräutererde und Sand mischen und einfüllen. Diese Drainage sichert einen guten Wasserablauf für mediterrane Kräuter.

Bauanleitungen Schritt für Schritt

Hochbeet-Element

1 So sieht die fertige Küchengarten-Box aus.

2 Zuerst die Seitenteile des Beetes bauen. Das erste Brett oben bündig auf drei Pfosten legen, den Stand des Mittelpfostens festlegen und das Brett an die Pfosten schrauben. Zum Stabilisieren am unteren Ende ein zweites Brett anschrauben.

3 Nun fortlaufend die übrigen Bretter jeweils mit zwei Schrauben an die Pfosten schrauben.

4 Das zweite Seitenteil ebenso bauen und mit zwei Stirnbrettern zu einem Rahmen verbinden.

5 Das Beet an den endgültigen Standort bringen, gerade ausrichten und die Stirnseiten fertigstellen.

6 Unten im Hochbeet das Wühlmausgitter ausrollen und an den Rändern festtackern.

7 Die Noppenbahn ringsherum ausrichten und am oberen Beetrand ebenfalls festtackern.

Hochbeet-Element

1

2

3

4

5

6

8 Durch beide Mittelpfosten auf halber Höhe ein 10,5-mm-Loch bohren und die Gewindestange quer durch den Beetkasten stecken (kleines Foto), außen mit Muttern sichern und überstehende Stangenreste absägen.

9 Nun kann befüllt werden: Zuunterst dicke Äste und Baumstubben einfüllen.

10 Darauf kommt eine Schicht Strauch- und Staudenschnitt.

11 Zuoberst dann erst eine Schicht halbreifen Kompost und zuletzt 15 cm reifen Kompost oder Pflanzerde einfüllen.

12 Nun die Abschlusskantenbretter seitlich bündig und an den Stirnseiten mit etwas Überstand anschrauben.

Pflanzkasten

13 Aus den 60-cm-Brettabschnitten und drei ca. 40 cm langen Kantholz-Stücken die Vorderseite des Pflanzkastens herstellen.

14 An beiden Seiten drei weitere 60-cm-Bretter und ein Stück Kantholz als Seitenteil anschrauben.

15 Beetkasten an der Nordseite festschrauben und innen mit Teichfolie auskleiden.

Kräuter-Rondell

16 Rollborder im Halbkreis an der Süd-Stirnseite des Hochbeetes aufstellen und anschrauben.

17 Die Hochbeetwand mit einem Stück Teichfolie gegen Nässe schützen. Kalksandsteine im Halbkreis aufstellen, ein 145 cm langes Stück Rollborder daraufstellen und festschrauben.

18 Diese Etage zuunterst mit Kies füllen. Beide Beet-Etagen mit sandiger Erde auffüllen.

13 Pflanzkasten

14

15

Kräuter-Rondell   16

17

18

Hochbeet-Tuning

Um das Beet noch attraktiver und viel-
fältiger nutzbar zu machen, hier noch
ein paar Tipps:

- Für einjährige Kräuter wie Dill, Basilikum oder Koriander auf einer Längsseite einen Blumenkasten oder ein
  Metallgestell für Töpfe anhängen.
- Ein länglicher Metallgriff dient als Auf-
  hängeschiene für Gartengeräte, Schere
  und kleinen Topf für Zubehör wie
  Pflanzetiketten und Ähnliches (siehe
  Foto Seite 84).
- An der Südseite kann man Nützlingsquartiere für Marienkäfer und Co. anbringen, deren Bewohner den Schäd-
  lingsbefall auf dem Beet minimieren
  sollen (siehe Foto Seite 72).
- An der Beetumrandung Edelstahl-
  Metallösen anbringen, in die man
  Metallbögen oder Weidenruten stecken
  kann, um Folien- oder Vliestunnel
  aufrecht zu halten.
- Kupferband, rundherum an das Hoch-
  beet geklebt, kann Schnecken abhalten.
  Auch spezielle Schneckenkanten, an
  den oberen Außenrändern des Hochbeetes installiert, bewirken dies.
- Ein kleiner Klapptisch an der Längsseite
  schafft Ablagefläche für Arbeiten wie
  Aussaat oder Ernte.
- Eine Holzscheibe mit Eigentümer-
  Namen oder Gärtner-Motto ist zugleich
  Deko und Hingucker.

...die Küchengarten-Box

Handwritten note: Vortrag? 338,79 Ute → Rabe, Ka...

...n-Box
... ahr bis
... ... und
man immer etwas ernten können. Man verwendet am besten Kulturen, die, einmal gesät oder gepflanzt, eine lange Erntezeit haben, wie Pflücksalat, Rucola (Rauke) und Zucchini, oder solche, die in der Vor- und Nachsaison eine kurze Kulturdauer und geringe Platzansprüche haben, wie Radieschen.

Um den Platz gut auszunutzen, pflanzt man rankende Gemüse wie Kürbisse oder Gurken und Kapuzinerkresse an den Rand, von wo aus sie über das Hochbeet heraushängen können.

Bei allem ist auf ein gutes Miteinander der Pflanzen zu achten und Kombinationen zu wählen, die in der Mischkultur bereits erprobt sind (siehe auch Kulturtabelle Seite 56–57).

Es ist auch zu empfehlen, nebenbei in Saatkisten Nachwuchs z. B. von Kopfsalat, Kohlrabi oder Rucola (Rauke) bereitzuhalten, um Lücken zu füllen. Wer sich nicht die Mühe machen will, alles selbst auszusäen, findet eine große Auswahl von Gemüse-Setzlingen von April bis in den Sommer hinein in Gartencentern und auf dem Wochenmarkt. Einige Gemüsearten wie Möhren oder Radieschen müssen aber immer direkt gesät werden.

Die Pflanzpläne auf den nächsten Seiten sind ein Beispiel, wie die Bepflanzung eines 120 × 200 cm großen Hochbeetes im zeitigen und späten Frühjahr, im Früh- und Spätsommer sowie im Herbst aussehen kann.

Das alles wächst im Kräuter-Rondell

Die obere Etage ist für mediterrane Kräuter reserviert wie Salbei, Thymian, Rosmarin und Oregano. In der unteren Etage haben seitlich die höheren Kräuter wie Minze oder Zitronenmelisse Platz zum Wachsen und nach vorne hin pflanzt man niedrigere Kräuter wie Schildampfer, Basilikum, Schnittlauch, Petersilie und Zitronen-Tagetes.

Auf dem Kräuter-Rondell finden etwa ein Dutzend verschiedene Kräuter Platz.

Frühling (Ende März/Anfang April)

120 cm

200 cm

Auf dem Hochbeet ist die erste Aussaat im Jahr erfolgt und schon bald kann man erstes zartes Grün ernten. Am besten deckt man das Beet noch mit Vlies ab, um die jungen Pflanzen vor Spätfrösten zu schützen. **1** und **2** Spinat **3** Radieschen **4** Möhren **5** Zuckererbsen **6** Pflücksalatmischung **7** Rucola (Salatrauke) **8** Winterheckezwiebel

Frühsommer (Ende Mai/Anfang Juni)

120 cm

200 cm

Jetzt sind die Hauptkulturen auf dem Beet und mit Möhren, Pflücksalat und Zuckererbsen ist der erste Erntehöhepunkt erreicht. **1** Hokkaido-Kürbis **2** Zucchini **3** Snackgurken **4** Rucola (Salatrauke) **5** Möhren **6** Zuckererbsen **7** Pflücksalat **8** Kapuzinerkresse **9** Buschtomate **10** Winterheckezwiebel

Die Sommerkulturen liefern reichlich leckeres Fruchtgemüse, erste Spätkulturen können ab jetzt gesät werden **1** Hokkaido-Kürbis **2** Zucchini **3** Snackgurken **4** Grünkohl **5** Spinat **6** Brokkoli/Blumenkohl **7** Feldsalat **8** Kapuzinerkresse **9** Buschtomate **10** Winterheckezwiebel

Die letzten Aussaaten sind auf dem Beet und sollten mit Vlies abgedeckt werden. Bis zum ersten Frost können noch Brokkoli und Blumenkohl sowie Kapuzinerkresse geerntet werden, ehe man sie abräumt. **1** Rucola (Wilde Rauke) **2** Winterportulak **3** Grünkohl **4** Spinat **5** Brokkoli/Blumenkohl **6** Feldsalat **7** Kapuzinerkresse **8** Winterheckezwiebel

Hochbeet-Praxis
Monat für Monat

Januar

Mit dem Beginn des neuen Jahres wächst auch die Vorfreude auf die neue Garten-saison. Bei frostfreiem Wetter gibt es immer noch Wintergemüse zu ernten. Jetzt ist die richtige Zeit, zu planen, Saatgutkataloge zu wälzen oder im Internet nach bestimmten Gemüsesorten zu stöbern. Bei mildem Wetter ist auch der Bau eines Hochbeetes möglich. Darin kann man dann auch gleich Äste und Zweige vom Winterschnitt unterbringen.

☾ Mond-Tipp Im Tagesrhythmus zwischen Sonnenaufgang und -untergang am besten morgens säen und nachmittags pflanzen.

Gemüse des Monats:
Dicke Bohne *(Vicia faba)*

Die eiweiß- und ballaststoffreiche Verwandte der Grünen Bohne, auch Puffbohne genannt, erlebt ein Comeback in der Gourmetküche. Die frischgrünen, knackig gegarten Bohnen-kerne sind eine Delikatesse. Die robusten Pflan-zen gehören zu den ersten Kulturen, die im Jahr gesät werden können. Sie vertragen auch leichten Frost und brauchen nicht viel Platz, haben aber eine längere Kulturdauer.
Kultur: Aussaat Anfang März, 3–4 cm tief säen, mit Vlies schützen. Triebspitzen im späten Frühjahr über dem siebten Blütenbüschel ab-knipsen, damit die restlichen Bohnenhülsen schneller reifen. Ernte der Bohnenhülsen etwa Mitte bis Ende Juni.

Krankheiten, Schädlinge: Sämlinge vor Schneckenfraß schützen; häufig ist Befall mit Bohnenblattlaus.
Extra-Tipp: Fürs Hochbeet kompakt wachsende Sorten wie 'Perla' oder 'Piccola' wählen. Diese brauchen keine Stütze. An die Nordseite ge-pflanzt, liefern die Pflanzen Windschutz für spä-tere Kulturen.

Die Keimlinge der Dicken Bohne vertragen Frost.

Jetzt aussäen

Im Haus:
- Kresse
- Keimsprossen.

Jetzt ernten

- Feldsalat
- Grünkohl
- Winterportulak.

Hochbeet-Praxis

Die nächste Saison planen

Was ist im letzten Jahr gut gewachsen, welche Gemüsesorten möchte man dieses Jahr testen?

Keimtests zeigen, ob man älteres Saatgut noch erfolgreich aussäen kann.

Im Januar hat man als Hochbeetgärtner Zeit, die Saatgutvorräte zu sortieren, neue zu bestellen und einen Beetplan für die kommende Gartensaison zu machen. Dann ist man im Frühjahr gut gerüstet, um gleich loszulegen.

Keimtest für Saatgutreste

Saatgut ist häufig länger keimfähig als auf den Packungen angegeben. Dies gilt vor allem für ungeöffnete Samentüten, in denen die Samen keimgeschützt verpackt sind.

Um sicher zu gehen, dass Saatgut aus angebrochenen Tüten noch keimt, macht man eine Keimprobe. Hierfür streut man einige Samen in eine flache Schale auf ein angefeuchtetes Blatt Küchenkrepp und deckt diese mit Klarsichtfolie oder einem Deckel ab. Nach einigen Tagen kann ausgewertet werden. Wenn mindestens die Hälfte der Samen gekeimt hat, lässt sich das Saatgut noch zur Aussaat verwenden.

Häcksel für die Beetumrandung

Beim Winterschnitt von Obst- und Ziergehölzen fallen jede Menge Äste und Zweige an. Diese können als Füllschicht in neu gebauten Hochbeeten verwendet werden. Hat man hierfür keinen Bedarf mehr, häckselt man sie und streut das Häckselgut rund um das Hochbeet als Wegmaterial. Dadurch erschwert man außerdem Schnecken den Zugang zum Beet, denn über das raue Material mögen diese nicht kriechen.

Saatgutbox aus Zigarrenkiste

Damit bei Saatbeginn im Februar alles schnell griffbereit ist, sollte man die Saatgutvorräte sichten und sortieren. Dafür kann man zum Beispiel eine leere Zigarrenkiste (gibt's im Tabakwarenladen auf Anfrage) verwenden. Den Deckel abnehmen und die Holzkiste mit einer Buchstabenschablone und Wasserfarbe beschriften. Die Saatguttüten nach Gemüsesorten und Monaten sortieren, in denen die Aussaat beginnt. Die Box mit Pappstreifen nach Monaten einteilen. Auf zusätzlichen Karteikarten lassen sich noch Infos zu verwendeten Gemüsesorten sowie Aussaattipps festhalten.

Jetzt genießen

Kürbis-Apfel-Suppe mit Ingwer
Für 6–8 Personen

Zutaten:
1 kg Hokkaido-Kürbis
1 Gemüsezwiebel
2 große, süßsäuerliche Äpfel (z. B. 'Elstar')
4 EL Öl
1½ l Gemüsebrühe
1/8 l frischen Orangensaft
40 g frischen Ingwer
Salz, Cayennepfeffer
4 Stiele Petersilie oder Koriandergrün
Kürbiskernöl

Zubereitung:
Den Kürbis halbieren, entkernen und in Würfel schneiden. Zwiebel schälen und ebenfalls grob würfeln. Äpfel schälen, entkernen und in Spalten schneiden. Alles zusammen in einem großen Topf in Öl andünsten. Mit der Brühe ablöschen und 20 Minuten garen. Orangensaft und den geriebenen Ingwer zugeben, die Suppe fein pürieren und mit Salz und Pfeffer kräftig würzen. Mit den gehackten Kräutern und etwas Kürbiskernöl servieren.

In der Saatgutbox kann man Gemüse- und Kräutersamen nach Aussaatmonat sortieren.

Das wärmt: aromatische Kürbissuppe mit Apfel, Orangensaft und Ingwer verfeinert.

Februar

Der kürzeste Monat im Jahr ist auch oft der ungemütlichste und kälteste. Die Kulturen auf dem Beet wie Feldsalat oder Winterportulak sollten weiter mit einem Vlies bedeckt sein. Etwa ab Monatsmitte startet die Aussaat erster Vorkulturen auf der Fensterbank. Ende des Monats ist der richtige Zeitpunkt, um neuen Kompost auf das Beet zu bringen. Der Start in die neue Hochbeetsaison ist in Reichweite.

☾ **Mond-Tipp** Bei der Aussaat immer das Sternbild wählen, das dem gewünschten Ernteziel (Frucht, Wurzel, Blüte oder Blatt) entspricht.

Gemüse des Monats:

Tomate *(Lycopersicon esculentum)*

Die Tomate ist das Powergemüse schlechthin. Neben Vitaminen und Mineralstoffen enthält sie viele sekundäre Pflanzenstoffe wie das Lycopin, das u. a. Krebserkrankungen vorbeugen soll. Ob aus Samen selbst gezogen oder im Frühjahr als Jungpflanze gekauft: Wer Tomaten selbst anbaut, kann sie bis zur vollen Genussreife an der Pflanze hängen lassen und erhält so besonders gesunde Früchte.
Kultur: Aussaat Anfang bis Mitte März, Samen etwa 0,5 cm mit Erde bedecken. Frisches Saatgut keimt oft innerhalb einer Woche. Wenn sich nach den Keimblättern die ersten Laubblätter gebildet haben, die Pflänzchen einzeln in Töpfe pikieren. Ab Mitte April über Tag an einem eher schattigen

Platz im Freien abhärten, regelmäßig wässern und wöchentlich düngen. Ende Mai können die Tomaten dann aufs Beet gepflanzt werden.
Krankheiten, Schädlinge: Braun- und Krautfäule (robuste Sorten wählen!), Blattläuse, Weiße Fliege.
Empfehlenswerte Sorten: Für das Hochbeet eignen sich robuste und kompakt wachsende Buschtomaten wie 'Heartbreakers® Vita', 'Siderno' oder 'Balkonstar'.

Die Buschtomate 'Heartbreakers® Vita' bleibt niedrig.

Licht von oben: Aussaaten am Dachflächenfenster.

Ein Boden-Thermometer misst die Erdwärme.

Jetzt aussäen

Im Frühbeet oder unter Folie:
- Dicke Bohnen.

Im Haus vorziehen:
- Artischocken
- Chili
- Paprika
- Basilikum.

Jetzt ernten

- Feldsalat
- Grünkohl
- Winterportulak.

Hochbeet-Praxis

Aussaaten brauchen Licht

Jetzt beginnt die Vorkultur auf der Fensterbank. Im Haus vorgezogene Gemüsepflanzen verkürzen die Kulturzeit auf dem Beet und lohnen sich nicht nur bei wärmebedürftigen Kulturen wie Artischocke, Tomate, Paprika, Zucchini und Aubergine. Die Samen keimen meist bei höheren Temperaturen schneller. Sobald die Sämlinge sichtbar sind, ist es aber wichtig, ihnen einen möglichst hellen, kühlen Platz zu geben. Sonst vergeilen sie leicht und haben später einen wackeligen Stand. Ideal ist ein Dachflächenfenster nach Osten mit Lichteinfall von oben.

Hochbeet auffüllen

Die Erde im Hochbeet sackt mit der Zeit stark ab. Vor den ersten Aussaaten im Frühjahr sollte man das Beet deshalb etwa alle zwei Jahre wieder mit reifem Kompost auffüllen. Diese neue Kompostschicht wird unter die Pflanzschicht gefüllt. Hierfür wird zuerst die Pflanzschicht der einen Beethälfte auf die Oberseite der zweiten Beethälfte aufgeschichtet. Nun den frischen Kompost einfüllen und die obere Erdschicht wieder zurückschaufeln. Dann mit der zweiten Hälfte ebenso verfahren.

Kräuter-Tipps

- Auch im Winter können Thymian, Salbei und Rosmarin geerntet werden. Thymiantee mit Honig hilft gegen Infekte.
- Basilikum lässt sich leicht selbst aus Samen heranziehen. Es ist ein Lichtkeimer, die Samen werden deshalb auf die Erde gestreut und nur etwas angedrückt.

Bodentemperatur messen

Im Hochbeet ist die erste Aussaat häufig deutlich eher möglich als bei einem Grundbeet. Ein einfaches Bodenthermometer, das etwa sechs Zentimeter tief in die Erde gesteckt wird, kann schnell Aufschluss darüber geben, wie warm die Erde schon ist. Um zu keimen, brauchen Dicke Bohnen, Spinat oder Radieschen Temperaturen von 5 °C, ideal sind etwa 10 °C.

Obst-Verpackung wird zum Mini-Gewächshaus

Obst-Verpackungen aus durchsichtigem Kunststoff, in denen z. B. abgepackte Weintrauben angeboten werden, lassen sich prima als Mini-Gewächshäuser für erste Aussaaten verwenden. Es passen je nach Größe zwei bis vier kleine Aussaattöpfe hinein. Die Aussaaten trocknen so nicht so leicht aus und keimen sicherer.

Jetzt genießen

Grünkohl-Pasta mit Entenbrust

Für 4 Personen

Zutaten:
400 g geputzten Grünkohl
400 g Tagliatelle
1 große Zwiebel
1 EL Butter
je 100 ml Sahne und Gemüsebrühe
Salz, Pfeffer
200 g warm geräucherte Entenbrust

Zubereitung:
Den Grünkohl in einem großen Topf mit Salzwasser 10 Minuten garen, abtropfen lassen. Zwiebel schälen und würfeln, andünsten und mit Gemüsebrühe und Sahne ablöschen. Den Grünkohl unterheben, würzen und kurz garen. Nudeln in Salzwasser bissfest kochen und mit dem Grünkohl mischen. Entenbrust in dünne Scheiben schneiden und kurz mit erhitzen.

Die Basilikumsamen nur auf der Erde andrücken.

März

Im März beginnt der Frühling, kalendarisch am 21. März, in der Natur erkennbar an der Forsythienblüte. Das ist auch der Start in die Hochsaison von Hochbeeten wie der Küchengarten-Box. Der Boden darin erwärmt sich deutlich schneller als in Grundbeeten. Schon ab 5 °C Bodentemperatur können erste Gemüse gesät werden. Mit einer Vliesabdeckung oder einem Frühbeet-Aufsatz sind diese vor kaltem Wind oder Frost geschützt.

☾ Mond-Tipp Kurz vor Neumond besser nicht säen oder pflanzen.

Gemüse des Monats:
Möhre, Gelbe Rübe *(Daucus carota)*

Das gesunde Wurzelgemüse steckt voller Vitamine, Mineralien und vor allem enthält es Beta-Carotin, das sogenannte Provitamin A und andere sekundäre Pflanzenstoffe, die positiv auf unsere Gesundheit wirken. Möhren immer mit etwas Fett verarbeiten, nur dann kann der Körper Beta-Carotin in das lebenswichtige Vitamin A umwandeln.

Kultur: Aussaat März bis Juli, Saattiefe: 3 cm. Lange Keimdauer von etwa 3 Wochen, Sämlinge auf etwa 5 cm Abstand vereinzeln.

Krankheiten, Schädlinge: Größter Feind ist die Möhrenfliege, die ihre Eier an den Wurzelhals der Jungpflanzen legt. Die ausschlüpfenden Larven fressen Gänge in die Möhren. Zur Abwehr Möhren möglichst früh (März) oder spät (Juli) säen, mit Gemüseschutznetzen abdecken und die Wurzelhälse mit Erde anhäufeln.

Empfehlenswerte Sorten: 'Sugarsnax 54', 'Nantaise 2', 'Rainbow F1', 'Bolero'.

Extra-Tipp: Radieschen direkt neben Möhren säen. Bis die Möhren Platz brauchen, sind die Radieschen schon geerntet.

Möhren gibt es auch als bunte Saatgutmischung.

Jetzt aussäen

Auf der Fensterbank:

- Aubergine
- Chili
- Paprika
- Tomaten
- Basilikum
- Dill
- Petersilie.

Unter Vlies oder im Frühbeet:

- Dicke Bohnen
- Möhren
- Pflücksalat
- Radieschen
- Rucola (Rauke)
- Spinat.

Jetzt ernten

- Den letzten Feldsalat
- Spinat
- im Frühbeet erste Schlotten der Winterheckezwiebel.

Hochbeet-Praxis

Richtig säen leicht gemacht

- Die Aussaathinweise auf der Samentüte gründlich durchlesen und befolgen.
- Für Anfänger sind Saatbänder hilfreich, in denen das Saatgut schon im richtigen Abstand zwischen zwei Lagen Papiervlies eingeschlossen ist. Vor allem bei feinem Saatgut wie von Möhren oder auch Salat ist dies

Saatbänder auslegen und gleich anfeuchten, bevor man sie mit Erde bedeckt.

Radieschen gehören mit zu den ersten Kulturen, die man im Frühjahr aussäen kann.

praktisch. Das Saatband auslegen und anfeuchten. Erst dann mit Erde bedecken und nochmals wässern.

- Je feiner das Saatgut, umso flacher sät man. Normal sind Saattiefen von 1–2 cm, Dicke Bohnen und alle Erbsen etwa 5 cm tief legen.
- Lichtkeimer wie Basilikum nur auf die Erde aufstreuen und etwas andrücken. Hier ist es besonders wichtig, die Erdoberfläche gleichmäßig feucht zu halten.
- Ob Saatreihe auf dem Beet oder Vorkultur im Topf: Aussaaten immer gleich mit einem Pflanzschild mit Gemüse- und Sortennamen versehen.
- Aussaaten mit einer feinen Brausetülle gießen, um die Samen nicht durch einen zu kräftigen Wasserstrahl aus der Erde zu schwemmen.

Kartoffeln vorkeimen

Wer eine oder mehrere Reihen Kartoffeln auf das Hochbeet oder z. B. in einem Gartensack pflanzen möchte, kann sie jetzt vorkeimen, um eine kürzere Kulturdauer zu erzielen. Die Kartoffeln in leere Eierschachteln legen, hell und mäßig warm stellen und täglich anfeuchten. Die Bodentemperatur sollte mindestens 7 °C haben, wenn die Kartoffeln ausgelegt werden. Das austreibende Laub sollte keinen Frost bekommen.

Pflanzenschutz: Mit Holzbrettern Schnecken fangen

Kleine Holzbretter zwischen den Saatreihen auf dem Hochbeet auslegen. Unter diesen lässt sich morgens der Schneckennachwuchs leicht absammeln.

Kräuter-Tipps

- Erfrorene Kräuter wie Rosmarin durch neue Pflanzen ersetzen. Wenn draußen nochmal Frost angesagt ist, die neuen Pflanzen über Nacht mit einem darübergestülpten Tontopf schützen.
- Bei günstiger Witterung sind erste Ernten von Schildampfer, Minze und Süßdolden-Blättern möglich.
- Triebe vom Salbei jetzt auf etwa 6 cm Länge zurückschneiden. So bleiben die Pflanzen kompakt im Wuchs.
- Auf der Fensterbank können jetzt erste Aussaaten von Zitronen-Tagetes, Kerbel und Bohnenkraut erfolgen. Alle drei einjährigen Kräuter sind Lichtkeimer, deshalb die feinen Samen nicht mit Erde bedecken, sondern nur andrücken.

Zum Vorkeimen Kartoffeln in Eierkartons legen, hell stellen und regelmäßig anfeuchten.

Pflanzenschilder selber machen

Pflanzenschilder zur Kennzeichnung von Saatreihen oder Aussaaten in Töpfen kann man leicht selbst herstellen, zum Beispiel aus Weiden- oder Haselzweigen. Schneiden Sie Zweige mit einem Durchmesser von etwa 1 cm in 15 cm lange Stücke. Die eine Seite mit der Gartenschere gleich beim Zuschneiden schräg schneiden, zum besseren Einstecken in die Erde. Nun am anderen Ende mit einem Sparschäler die Rinde abschälen. Dies geht leicht, wenn man zum oberen Rand hin schält. Die Fläche lässt sich dann mit einem weichen Bleistift oder einem feinen Marker gut beschriften. Recycling-Tipp: Auch die Kunststoff-Tragegriffe von Waschpulver-Großpackungen lassen sich gut verwenden, um Pflanzenetiketten herzustellen. Die Griffe mit einer Schere in etwa 10 cm lange Stücke schneiden und mit einem wasserfesten Filzstift beschriften.

Jetzt genießen

Babyspinat-Salat mit Cranberries

Für 2 Personen

Zutaten:
100 g junge Spinatblätter
60 g Ziegenfrischkäse
je 2 EL Mandeln, Zucker
2 EL getrocknete Cranberries

Aus jungen Weidentrieben lassen sich leicht Pflanzetiketten für die Aussaatreihen auf dem Hochbeet herstellen. Mit einem weichen Bleistift beschriften.

Für die Vinaigrette:
2 EL Aprikosenkonfitüre
3 EL Zitronensaft
Meersalz, Pfeffer
4 EL Olivenöl

Zubereitung:

Spinatblätter waschen und abtropfen lassen.
Mandeln in einer beschichteten Pfanne mit
dem Zucker zusammen karamellisieren lassen.
Aprikosenkonfitüre und Zitronensaft mit 4 EL
Wasser, Salz und Pfeffer glatt rühren und mit
dem Olivenöl mischen.
Salat auf den Tellern verteilen, Cranberries und
Mandeln darüberstreuen, mit der Vinaigrette
beträufeln und Käsebröckchen darauf verteilen.

Das kleine Kräuterrezept: Wildkräuter-Pesto

Wenn auf dem Hochbeet noch nicht so viel zu
ernten ist, lassen sich oft schon im Garten die
Zutaten für ein leckeres Wildkräuter-Pesto sammeln. Je eine Handvoll junge Gierschtriebe und
Bärlauchblätter sowie Sonnenblumen- oder
Pinienkerne mit etwas Meersalz und frisch gemahlenem Pfeffer, 50 g geriebenem Parmesan
und 125 ml Olivenöl fein pürieren. Dies ergibt
ein Pesto mit feiner Knoblauchnote für Pasta,
Crostini oder als Basis für eine Kräuterkruste
auf Fisch oder Fleisch. Mit Öl bedeckt hält das
Pesto im Kühlschrank ein paar Tage. Auch junge
Brennnesselspitzen eignen sich als Zusatz für
dieses Pesto.

**Die ersten zarten Spinatblätter sind auch lecker als Salat, hier gemischt mit Ziegenfrischkäse, karamel-
lisierten Mandeln und Cranberries.**

April

Der April macht, was er will. Im Hochbeet sollte man die ersten Aussaaten weiter durch einen Frühbeetaufsatz oder Vlies-Tunnel schützen. So kann den zarten Pflänzchen weder Schnee noch Hagel etwas anhaben. Wichtig: bei warmem Wetter das Frühbeet täglich lüften. Bei günstigen Bedingungen beginnt die Erntesaison mit erstem Spinat und Radieschen.

☾ Mond-Tipp
Bei Vollmond und an den Tagen danach düngen, denn mit abnehmendem Mond geht die Kraft der Pflanzen in die Wurzeln.

Gemüse des Monats:
Salatrauke, Rucola *(Eruca sativa)*

Der nussig-scharfe Geschmack der Salatrauke, auch Rauke oder Rucola genannt, ist aus unserer Küche nicht mehr wegzudenken. Ihr hoher Gehalt an Senfölglycosiden macht die schnellwüchsige Pflanze so gesund.

Man unterscheidet die einjährig kultivierte Salatrauke *(Rucola sativa)* und die Wilde Rauke *(Diplotaxis tenuifolia)*, die mehrjährig und intensiver im Geschmack ist. Rauke lässt sich auch gut in Töpfen und Balkonkästen heranziehen.

Kultur: Aussaat März bis Juli, Saattiefe 0,5 cm, Nicht neben oder nach anderen Kreuzblütlern wie Kohlrabi oder Brokkoli pflanzen. Blütenansätze abknipsen, um länger ernten zu können.

Krankheiten, Schädlinge: Runde Löcher auf den Blättern stammen von Erdflöhen, kleinen rundlichen Käfern. Vorbeugend dagegen die Erde unter den Pflanzen feucht halten und immer wieder lockern.

Extra-Tipp: Wilde Rauke im Herbst auf dem Beet stehen lassen und überwintern, im Frühjahr treibt sie früh wieder aus und liefert zeitig erstes Grün.

Die Blüten der Salatrauke erscheinen im späten Frühjahr.

Jetzt aussäen

Auf der Fensterbank:
- Gurken
- Kürbis
- Zucchini.

Im Freiland:
- Erbsen
- Kohlrabi
- Mangold
- Möhren
- Rote Bete
- Rucola (Rauke)
- Salate
- einjährige Kräuter wie Basilikum, Dill, Koriander und Petersilie.

Pflanzen von Gurken und Kürbissen für das Beet zieht man in Töpfen im Haus vor.

Jetzt pflanzen

- Kartoffeln (vorgetrieben)
- Kohlrabi
- Kopfsalat.

Jetzt ernten

- Radieschen
- Rhabarber
- Spinat für Salate
- Winterheckezwiebel.

Hochbeet-Praxis

Kinderstube für Kürbis & Co.

Kürbis, Zucchini und Gurken brauchen Wärme und können im Haus vorgezogen werden. Man steckt die Samen hochkant einzeln in kleine Anzuchttöpfe mit Erde, sodass sie etwa 1,5 cm mit Erde bedeckt sind. Die Topferde anfeuchten und die Samen im Minigewächshaus auf der Fensterbank keimen lassen. Das dauert meist keine Woche. Sobald die Sämlinge aufgelaufen sind, die Töpfe hell und kühler stellen. Das ist wichtig, damit die Pflänzchen nicht vergeilen, also zu lange, dünne Triebe bekommen, die später nicht standfest sind. Ab Ende April können die Jungpflanzen draußen im Topf abhärten, bevor sie dann aufs Hochbeet gepflanzt werden. Töpfe bei unter 6 °C ins Haus holen.

Kartoffeln aus dem Eimer

Eigene Kartoffeln zu ernten, ist ein ganz besonders Vergnügen für Groß und Klein. Wer auf dem Hochbeet für die relativ lange Kartoffelkultur keinen Platz opfern möchte, kann sie auch in 20 l großen Maurereimern oder Gartensäcken heranziehen.

Den Eimer mit einigen Löchern im Boden versehen, damit überschüssiges Wasser ablaufen kann. Eine 10-cm-Schicht Kompost- oder Pflanzerde einfüllen und drei vorgekeimte Kartoffeln einlegen (siehe Seite 69). Die Knollen 5 cm dick mit Erde bedecken. Sobald die Triebe etwa 10 cm hoch sind, die nächste Schicht Erde einfüllen. So fortfahren, bis der Eimer randvoll mit Erde ist. Die in der Erde liegenden Triebe bilden zusätzlich Wurzeln, an denen neue Kartoffelknollen sprießen. Regelmäßig wässern und zwei- bis dreimal alle 14 Tage mit einem Gemüsedünger gießen. Die Kartoffeln sind erntereif, wenn das Laub zu welken beginnt.

Unkraut entfernen

Auch zwischen den Gemüsereihen wird es zunehmend grüner. Die um Nährstoffe und Platz konkurrierenden Wildpflanzen frühzeitig mit den Fingern auszupfen oder mit der Jätekralle beseitigen. Dies jede Woche einmal wiederholen.

Pflanzenschutz: Blattläuse abwehren

Blattläuse gehören zu den häufigsten Pflanzenschädlingen und können auch an allerhand Gemüsekulturen Schaden anrichten wie Salat, Bohnen oder Kohl. Vor allem Jungpflanzen regelmäßig kontrollieren, die Läuse abstreifen oder mit einem scharfen Wasserstrahl abspülen. Nützlinge wie Marienkäfer oder Florfliegen fördern und ihnen entsprechende Quartiere zum Übernachten anbieten.

Auch in Kunststoffsäcken oder -eimern kann man gut leckere Kartoffeln kultivieren.

Mit einer Jätekralle lässt sich aufkeimendes Unkraut im Beet leicht weghacken.

Kräuter-Tipps

- Jetzt treiben Minze, Melisse und Salbei frisches Grün für Tees oder zum Würzen.
- Einjährige Kräuter wie Dill, Kerbel u.a. in Töpfe säen.
- Es ist Pflanzzeit für Staudenkräuter wie z.B. Salbei, Thymian, Oregano oder Berg-Bohnenkraut.

Deko-Holzschild für das Hochbeet

Eine dünne Baumscheibe aus Holz, ein Küchenbrett oder eine Schiefertafel können genutzt werden, um Hochbeeten sowie der Küchengarten-Box eine individuelle Note zu geben. Das Schild hierfür mit einem wasserfesten Lackstift mit einem Slogan oder dem Namen des Eigentümers beschriften und trocknen lassen. Das Schild mit einer Aufhängung versehen und an einer Beetseite befestigen oder es an einen Holzstab schrauben und in die Erde stecken.

Jetzt genießen

Schnelle Spinat-Zitronen-Pasta

Für 4 Personen

Zutaten:

2 Knoblauchzehen
10 Schlotten Winterhecke oder 3 Lauchzwiebeln
3 EL Olivenöl
1 Bio-Zitrone
150 ml Gemüsebrühe
150 ml Sahne
400 g Spaghetti oder Farfalle
250 g Spinat
Salz, Pfeffer

Zubereitung:

Die Zwiebelschlotten in feine Ringe schneiden, Knoblauchzehen schälen und klein schneiden.

Jetzt ist Pflanzzeit für Kräuter und die Auswahl in den Gärtnereien groß.

Grow your own! Gärtner-Motto auf einer Astscheibe aus Birkenholz.

Die Zitrone heiß abspülen, trocknen, die Schale fein abschälen und in dünne Streifen schneiden. Den Saft auspressen.

Spinat waschen und abtropfen lassen. Knoblauch und Zwiebelschlotten im Olivenöl andünsten, mit Gemüsebrühe und Sahne aufgießen und fünf Minuten einkochen lassen. Spaghetti nach Packungsanweisung in reichlich Salzwasser bissfest kochen. Kurz vor Kochende den Spinat mit zu den Nudeln geben, kurz mitkochen lassen und dann mit den Nudeln in ein Sieb abgießen. Sofort mit der Sahnesoße, Zitronensaft und -schale mischen. Mit Salz und Pfeffer abschmecken.

Radieschenblätter-Suppe

Für 4 Personen

Zutaten:

Blätter von einem Dutzend Radieschen
2 kleine Kartoffeln
1 Zwiebel
2 TL Butter
1 Scheibe Schwarzbrot
¾ l Gemüsebrühe
Salz, Pfeffer, Muskat
Crème fraîche

Zubereitung:

Radieschenblätter waschen, abtropfen lassen und grob in Streifen schneiden. Zwiebel und Kartoffeln schälen und klein schneiden. Zusammen mit den Radieschenblättern in 1 Teelöffel Butter andünsten. Mit der Gemüsebrühe auffüllen und 15 Minuten köcheln lassen. Die Schwarzbrotscheibe in kleine Würfel schneiden und in einem Teelöffel Butter in einer beschichteten Pfanne rösten.

Die Suppe pürieren und mit Salz, Pfeffer und Muskat abschmecken. Mit etwas Crème fraîche und den Schwarzbrot-Croûtons servieren.

Das kleine Kräuterrezept: Frühlingsquark

Was das Kräuterbeet jetzt schon hergibt, lässt sich prima für einen Kräuterdipp zu Pellkartoffeln oder Rohkost-Gemüsestiften verwenden. Hierzu Schnittlauch, Schildampfer, Süßdolde, Petersilie und etwas Minze waschen, abtropfen lassen und fein hacken. Mit einem Becher Schmand oder Quark (20 % Fett) vermischen und mit Salz, Pfeffer, Zitronensaft und einer Prise Zucker abschmecken.

Das Laub der selbst gezogenen Radieschen wird zu einer würzig-cremigen Suppe.

Mai

Mairegen bringt Segen! Wenn dazu noch milde Temperaturen kommen, kann man dem Gemüse auf dem Hochbeet jetzt beim Wachsen zusehen. Auch die Ernte von frischem Grün erreicht jetzt den ersten Höhepunkt. Bei Trockenheit ist regelmäßiges Wässern nötig. Ab Mitte des Monats ist Pflanzzeit für Wärme liebende Kulturen wie Tomaten, Gurken, Zucchini und Kürbisse.

☾ Mond-Tipp Unkraut an Wurzeltagen und bei feuchtem Boden jäten. Dann wächst länger nichts mehr nach.

Gemüse des Monats:

Pflück- und Kopfsalat *(Lactuca sativa)*

Frischen Pflück- oder Kopfsalat vom eigenen Beet ernten zu können, ist eine besondere Delikatesse und sichert einen schadstofffreien Genuss. Salat ist reich an Mineral- und Ballaststoffen, wirkt harmonisierend und entspannend. Er verträgt sich mit fast allen anderen Gemüsekulturen im Beet. Pflücksalat hat eine lange Erntezeit und ist für Hochbeete ideal.
Kultur: Aussaat März bis Anfang August, Kopfsalate können vorkultiviert werden, Pflücksalat direkt säen, Saattiefe etwa 1 cm. Salate nicht zu tief pflanzen, sonst kann das Herz faulen. Pflanzen gleichmäßig feucht halten.
Krankheiten, Schädlinge: Aussaaten vor Schnecken schützen, Blattläuse mit Wasserstrahl abspülen.

Empfehlenswerte Sorten: 'Babyleaf', 'Red Salad Bowl', 'Dynamite', 'Fiorella'.
Extra-Tipp: Rotblättrige Salat-Sorten sind nicht nur wegen der zusätzlichen Pflanzenfarbstoffe gesünder, sondern werden auch von Blattläusen weitestgehend verschont.

Frühe Ernte mit der Pflücksalat-Mischung 'Babyleaf'.

Jetzt aussäen

- Brokkoli
- Kohlrabi
- Radieschen
- Rucola (Rauke)
- Pflück- und Kopfsalate.

Im Haus vorziehen:

- Busch- und Stangenbohnen ab Monats-
  anfang in Töpfen vorziehen. Je drei Samen
  in einen 8-cm-Topf.

Jetzt pflanzen

- Vorgezogene Jungpflanzen von Aubergine,
  Gurke, Kürbis, Tomaten und Zucchini nach
  den Eisheiligen (Mitte Mai)

- Basilikum, Dill, Koriander
- Kapuzinerkresse und Ringelblumen.

Jetzt ernten

- Kohlrabi
- Pflücksalat
- Radieschen
- Rauke
- Rhabarber
- Spinat.

Hochbeet-Praxis

Möhren vereinzeln

Sind die feinen Möhrensämlinge zu kräftigen
Jungpflanzen herangewachsen, müssen sie ver-

Radieschen neben Möhren säen. Sie sind erntereif, bevor
die Möhren den Platz brauchen.

Ab Mitte des Monats können Fruchtgemüse wie
Kürbis oder Zucchini aufs Beet.

einzelt werden, damit jede Möhre genug Platz zum Heranreifen hat. Die überzähligen Pflänzchen auszupfen, sodass die Möhren im Beet etwa 3 cm Abstand voneinander haben. Das zarte Grün der ausgezupften Möhren würzt Salate und Suppen, muss also nicht auf dem Kompost landen.

Fruchtgemüse pflanzen

Im Mai können die Wärme liebenden Gemüsearten wie Aubergine, Gurke, Kürbis, Paprika, Tomate und Zucchini aufs Beet gepflanzt werden. Normalerweise wartet man damit bis nach den Eisheiligen Mitte Mai. Ab Anfang des Monats können die im Haus vorgezogenen Pflanzen schon mal tageweise im Freien abhärten. Am Anfang die Pflanzen hierfür eher schattig stellen. Sofortige starke UV-Bestrahlung kann sonst leicht zu Sonnenbrand auf den Blättern

führen. Tomaten immer ein Stück tiefer pflanzen als sie vorher im Anzuchttopf standen. So werden zusätzlich Wurzeln gebildet und die Pflanzen haben einen besseren Stand.

Düngerjauche

Wer seine Pflanzen biologisch und preiswert düngen möchte, sollte Anfang Mai Brennnesseljauche ansetzen. Dazu schneidet man frisches Kraut auf Brachflächen, sofern man dem vielseitigen Wildkraut nicht sowieso eine Ecke im Garten zugedacht hat und es dort ernten kann. Das Kraut in einen Eimer stopfen und mit Wasser auffüllen. Den Ansatz 2 bis 3 Wochen gären lassen. Die Jauche durch ein Sieb gießen und 1:9 mit Wasser verdünnt auf die Erde an die Wurzeln der Pflanzen gießen.

Sie ist gut geeignet als Startdünger für Zucchini, Tomaten, Kürbisse oder Gurken. Der unange-

Brennnesseljauche: **1** Einen Eimer mit Brennnesseln füllen. **2** Mit Wasser auffüllen und an einem sonnigen Platz gären lassen. **3** Fertige Jauche abgießen und einen Liter davon mit neun Liter Wasser verdünnen.

nehme Geruch verliert sich nach dem Ausbringen schnell wieder. Auf die gleiche Weise kann man im Juni die kaliumreiche Beinwelljauche ansetzen, die besonders für die weitere Düngung von Fruchtgemüse geeignet ist. Diese Kulturen einmal wöchentlich mit der verdünnten Jauche gießen, bis sie aufgebraucht ist.

Pflanzenschutz: Erdflöhe fliegen auf Kohlgewächse

Zuerst bemerkt man die kleinen runden Löcher in Radieschen- oder Kohlrabiblättern, seltener fallen einem die kleinen dunklen Käfer auf, die sich bei Berührung der Pflanzen sofort fallen lassen. Erdflöhe können lästig werden. Trockene Böden begünstigen die Vermehrung. Boden feucht halten und gefährdete Kulturen mit einem Insektenschutznetz abdecken.

Kräuter-Tipps

- Die Blätter der Süßdolde liefern aromatische Würze für Salatsoßen und Kräuterdipps.
- Blüten vom Schnittlauch entfernen, damit schnell wieder neue Röhren gebildet werden. Die Blüten sind lecker und eine tolle Deko z. B. für Salate und Suppen.
- Die jungen Blätter vom Schildampfer können nicht nur zum Würzen von Kräuterquark oder für Suppen verwendet werden. Sie liefern zusammen mit Rauke und Pflücksalat eine schöne Blattsalatmischung.

Mini-Gemüsebeet: **1** Eine Holzkiste (z. B. von Mandarinen) mit Vlies auslegen. **2** Erde einfüllen und mit Setzlingen von Tomate, Rauke und Pflücksalat bepflanzen. **3** Nach etwa zwei Wochen ist die Kiste fertig und wird mit etwas Deko zum tollen Gastgeschenk.

Mini-Gemüsebeet zum Verschenken

Hat man überzählige Jungpflanzen, lässt sich damit ein nettes Präsent für die nächste Einladung zu Gartenfreunden in der Nachbarschaft gestalten. Weiteres Zubehör: eine kleine Holzkiste (z. B. von Mandarinen), ein Stück Gartenvlies, Pflanzenstecker und Dekomaterial wie z. B. eine kleine Pflanzschaufel.

Die Holzkiste mit einem Stück Gartenvlies auslegen, um zu verhindern, dass durch Spalten oder Löcher im Boden die Erde zu leicht durchrieseln kann. Die Kiste dann mit Pflanzerde füllen und geeignete Gemüsesetzlinge einpflanzen. Die abgebildete Kiste wurde mit Pflücksalat, Salatraube und einer Balkontomate bepflanzt, die kompakt wächst. Dazwischen kann man noch einzelne Radieschen säen. Sind Rauke und Salat abgeerntet, sollte man die Tomate in ein größeres Gefäß umtopfen. Alternativ kann man auch Kräuter wie Schnittlauch, Basilikum und Thymian zu der Tomate pflanzen.

Jetzt genießen

Rhabarber-Süßdolden-Konfitüre

Für ca. 4 Gläser à 250 ml

Zutaten:

900 g Rhabarber fein geschnitten
500 g Gelierzucker 2:1
4 Stängel Süßdolde, fein geschnitten

Zubereitung:

Den Rhabarber abwaschen, putzen und in kleine Stücke schneiden. Zusammen mit der sehr fein geschnittenen Süßdolde und dem Gelierzucker aufkochen und etwa 3–4 Minuten unter Rühren kochen lassen. Noch heiß in Twist-Off-Gläser füllen und gut verschließen. Die Süßdolde mildert die Säure des Rhabarbers und würzt die Konfitüre mit ihrem Anisaroma.

Dressing-Trio für grüne Salate

1. Senf-Vinaigrette

1 TL Senf, 1 Prise Zucker und 3 EL Weißweinessig verquirlen, 100 ml Öl in einem dünnen Strahl unter Rühren hinzugeben und mit Salz und Pfeffer abschmecken.

2. Joghurt-Dressing

200 g Joghurt (3,5 % Fett) mit 1 EL Zitronensaft und 2 EL Öl verrühren, 2–3 EL gehackte, gemischte Kräuter unterrühren und mit Salz und Pfeffer abschmecken.

3. Balsamico-Himbeer-Dressing

100 g Himbeeren pürieren und durch ein Sieb streichen. Mit 2 EL Balsamico-Essig mischen und mit Zucker, Salz und Pfeffer abschmecken. 4 EL Oliven- oder Rapsöl dazugeben und verrühren.

Grüner Smoothie

Für zwei Personen

Zutaten:

100 g Pflücksalat
1 kleiner Apfel
2 EL Zitronensaft
200 ml Apfelsaft
1 Prise Salz

Zubereitung:

Alle Zutaten mit einem Schuss Mineralwasser im Mixer fein pürieren und in einem Glas servieren. Statt des Salats kann man auch Spinat oder Vogelmiere verwenden.

Juni

Nun geht es auf den Sommer zu und inzwischen sind die meisten Hauptkulturen auf dem Beet. Der Hochbeetgärtner kann sich zurücklehnen und auf weitere Ernten freuen. Bei trockenem Wetter allerdings brauchen die Gemüsekulturen regelmäßig Wasser. Gegen Monatsende gibt es dann als Lohn schon erste zarte Zucchini und die Ernte von aromatischen Kräutern zum Trocknen steht an.

☾ **Mond-Tipp** Die Ernte von Kräutern zum Trocknen sollte die Tage kurz vor und bei Vollmond geschehen, dann ist der Gehalt an Inhaltsstoffen am höchsten.

Empfehlenswerte Sorten: 'Delicata', 'Zuccola'.
Extra-Tipp: Erbsenwurzeln nach der Ernte im Boden lassen, an ihnen sitzen Bakterienknöllchen, in denen Stickstoff gespeichert ist und die als Dünger wirken.

Gemüse des Monats:
Erbsen *(Pisum sativum)*

Erbsen sind auch roh eine Delikatesse und das Lieblings-Naschgemüse von Kindern. Ideal für das Hochbeet sind Sorten, die jung mit Schale als Kaiserschote und oder später ausgepalt gegessen werden können. Diese Sorten können bis in den Sommer hinein gesät werden.
Kultur: Aussaat ab Anfang April, Samen 5 cm tief säen. Die rankenden Pflanzen später mit Birkenreisig oder Maschendraht stützen. In kurzen Abständen durchpflücken und immer frisch weiterverarbeiten. Erbsen sind Schwachzehrer, daher ist meist keine zusätzliche Düngung nötig.
Krankheiten, Schädlinge: Mehltau, Befall mit Bohnenfliege.

Knackig und gesund: frisch geerntete Erbsen.

Vom Stiel-Mangold gibt es auch Sorten mit orangefarbenen oder roten Trieben.

Mit einem Tropfschlauch lassen sich die Hochbeetkulturen gezielt bewässern.

Jetzt aussäen

- Buschbohnen
- Erbsen
- Mangold
- Möhren
- Pflück- und Kopfsalat
- Rucola (Rauke)
- Zwiebeln.

Vorziehen in Saatschalen:
- Blumenkohl
- Brokkoli
- Grünkohl
- Kohlrabi.

Jetzt ernten

Kohlrabi
Mangold
Möhren
Radieschen
Rucola (Rauke)
Pflücksalat
Winterheckezwiebel
Zucchini.

Hochbeet-Praxis

Gezielt wässern auf dem Hochbeet

Ein großer Vorteil des Hochbeetgärtnerns ist das gezielte Wässern der Kulturen. Hier ein paar Gießregeln für den Sommer:

- Am Morgen wässern, wenn die Pflanzen ihr Wachstum starten. Abends schafft man nur ein Wohlfühlklima für Schnecken.

- Immer auf die Erde gießen, die Pflanzen selbst möglichst wenig benetzen, um Pilzkrankheiten vorzubeugen.
- Besser alle zwei bis drei Tage einmal gründlich wässern als jeden Tag nur kurz gießen.

Ideal ist ein Wasseranschluss in Hochbeetnähe. Dann kann man Tropfschläuche auf dem Beet verlegen und braucht bei Trockenheit nur jeden Morgen den Wasserhahn für etwa 15–20 Minuten aufzudrehen. Das tropfende Wasser sickert langsam in den Boden, so verdunstet nur wenig Feuchtigkeit und umso mehr gelangt an die Wurzeln.

Mehr Ertrag durch richtiges Ernten

- Mangold lässt sich über viele Wochen ernten, wenn man immer nur die äußeren Blätter und Stiele pflückt.
- Auch bei Pflücksalat lässt man immer das Herz stehen, sodass neue Blätter nachwachsen können.
- Bei Brokkoli die Hauptknospe gleich unterhalb des Blütenstandes abschneiden, denn aus den Blattachseln am Trieb wachsen neue Knospen.
- Zucchini jung ernten, dann sind sie am leckersten und die Pflanzen setzen mehr Früchte an.
- Buschbohnen sollten in der Länge ausgewachsen, aber noch dünn sein, ohne erkennbare Ausbuchtungen der Samenansätze. Je häufiger man durchpflückt, umso mehr Blüten und Bohnen werden auch hier angesetzt.
- Grünkohl immer von unten nach oben ernten und das Herz stehen lassen, dann kann man mehrfach ernten.

Zucchini vor Nässe schützen

Liegen junge Zucchiniblüten oder -früchte direkt der Erde auf, kann es leicht zu Fäulnis kommen. Daher sollte man die Basis der Pflanze ähnlich wie bei Erdbeeren mit einer Schicht Holzwolle oder Stroh polstern. Das hält auch Schnecken von den zarten Blüten fern.

Pflanzenschutz: Blattläuse haben viele Feinde

Haben sich Blattläuse auf Gemüse- oder Kräuterpflanzen ausgebreitet, können diese meist gut mit einem scharfen Wasserstrahl abspült werden. Man sollte aber auch auf Nützlinge wie Schwebfliegenlarven achten. So durchscheinend und verletzlich sie wirken, vertilgen diese doch ähnlich wie Marienkäfer und Florfliegenlarven in ihrer Kinderstube unzählige Blattläuse

Etwas Holzwolle oder Stroh schützt Zucchini vor Fäulnis durch Bodennässe.

mit ungeheurem Appetit. Die Fliege selbst ist ein reiner Blütenbesucher.

Kräuter-Tipps

- ◾ Kurz vor der Blüte ist der Wirkstoffgehalt in Kräutern am höchsten. Deshalb Minze, Thymian und Salbei Anfang des Monats zum Trocknen für den Winter ernten.
- ◾ Wenn die Winterheckezwiebeln Blüten ansetzen, diese gleich abschneiden; so bilden sich schneller wieder neue Schlotten zum Ernten. Wer Samen ernten möchte, lässt ein oder zwei Blütenstände stehen und die Samen ausreifen.
- ◾ Die jungen, noch grünen Früchte der Süßdolde sind eine leckere Knabberei, die intensiv süßlich nach Anis schmeckt.

Kräutertüten zum Verschenken

Aus einfachen Butterbrottüten werden mit wenigen Handgriffen nette Mitbringsel aus dem eigenen Garten. Mit einem Metallic-Lackstift oder einem Buntstift mit dem Kräuternamen beschriften und getrocknete Lorbeer-, Salbei- oder Minzeblätter in die Tüten füllen. Als Verschluss sowie zur Deko mit wenigen Stichen einen hübschen Knopf aufnähen. Die Kräutertüten bis zum Verschenken trocken und dunkel aufbewahren.

Jetzt genießen

Erbsensuppe mit Minze
Für 4 Personen

Getrocknete Gartenkräuter, in beschrifteten Pergamenttüten nett verpackt.

Die jungen Samenstände der Süßdolde sind essbar und schmecken nach Anis.

Zutaten:

350 g Erbsen
1 mittelgroße Kartoffel
500 ml Gemüsebrühe
6 EL fein gehackte Minzeblätter
Salz, Pfeffer, Chili
Saft einer halben Zitrone
1 Becher Sahnejoghurt (150 g)

Zubereitung:

Die Kartoffel schälen, in Stücke schneiden und zusammen mit den Erbsen in der Gemüse-brühe 15 Minuten kochen. Die Hälfte der fein gehackten Minze hinzugeben. Die Suppe mit einem Mixstab fein pürieren und mit Salz, Pfeffer und etwas Chili abschmecken. Den Joghurt unterrühren und mit Zitronensaft abschmecken. Mit der restlichen gehackten Minze bestreuen.

Marinierte Möhren
Für 4 Personen

Zutaten:

500 g junge Möhren
4 EL Olivenöl
Meersalz, Zucker
2 Knoblauchzehen
24 dünne Scheiben Parmaschinken
1 Bund Basilikum

Zubereitung:

Das Grün der Möhren bis auf 3 cm abschnei-den. Die Möhren waschen und dünn schälen. Olivenöl in einer Pfanne heiß werden lassen, die Möhren hineingeben und andünsten. Mit Zucker und Meersalz würzen. Mit einem Glas-deckel abdecken und 8–10 Minuten dünsten. Knoblauch schälen und in dünne Scheiben

schneiden. 2–3 Minuten mitgaren. Die abge-kühlten Möhren jeweils mit zwei Basilikum-blättern und einer Scheibe Parmaschinken um-wickeln. Auf einer Platte anrichten, mit Pfeffer würzen und mit dem Kochsud beträufeln.

Das kleine Kräuterrezept: Minze-Sirup
Für 250 ml

250 ml Wasser und 250 ml Zucker aufkochen, 4 Stängel Minze hinzufügen und 3–4 Minuten ziehen lassen. Minze entfernen und den Sirup in eine Glasflasche abfüllen. Er hält sich im Kühlschrank einige Wochen.
Der Minze-Sirup schmeckt lecker als Limona-dengrundstoff, zu Mixgetränken und zum Aro-matisieren von Joghurt, Quark und Salatsoßen.

Leckere Vorspeise: Zarte Möhren, umwickelt mit Basilikum und Parmaschinken.

Juli

Der Juli kann der heißeste Monat im Jahr sein, aber auch der regenreichste. Bei andauernder Trockenheit ist jetzt regelmäßiges Wässern am wichtigsten. Starkzehrer wie Zucchini oder Kürbisse sollten dabei einmal die Woche mit Beinwelljauche oder einem organischen Gemüsedünger versorgt werden. Außerdem steht die erste Kartoffelernte an, ein besonderer Spaß für Groß und Klein.

☾ Mond-Tipp
Fruchtgemüse möglichst bei aufsteigendem Mond ernten, also wenn der Mond in seiner Laufbahn täglich etwas höher am Himmel steht. Die Zeit des aufsteigenden Mondes sind im Mondkalender die Tage außerhalb der als Pflanzzeit gekennzeichneten Periode.

Gemüse des Monats:
Zucchini (*Cucurbita pepo* subsp. *pepo* var. *giromontiina*)

Das üppig wachsende Sommergemüse hat eine lange Erntezeit und wächst auf Hochbeeten optimal. Die je nach Sorte hell- und dunkelgrünen oder gelben Früchte sind vielseitig verwendbar, kalorienarm und reich an Mineralstoffen. Auch die gelben Zucchiniblüten sind lecker und lassen sich z. B. füllen.
Kultur: Vorkultur Mitte April auf der Fensterbank. Die Samen nicht flach, sondern hochkant einzeln in kleinen Töpfen aussäen, Saattiefe etwa 2 cm. Ab Mitte Mai auspflanzen und reichlich mit Wasser und Nährstoffen versorgen.

Krankheiten, Schädlinge: Jungpflanzen vor Schnecken schützen. Von Mehltau befallene Blätter entfernen.
Empfehlenswerte Sorten: 'Black Jack' – ertragreiche grüne Sorte, 'Diamant' – frühe grüne Sorte, 'Golden Delight' – gelbfrüchtig.
Extra-Tipp: Die Früchte schon jung ernten, wenn sie etwa 15–18 cm lang sind. Dann schmecken sie am besten.

Auch die gelben Zucchiniblüten sind essbar.

Jetzt aussäen

Für die Herbst-Ernte:

- Buschbohnen
- Lauchzwiebeln
- Mangold
- Möhren.

In Beetlücken nachsäen:

- Radieschen
- Rucola (Rauke)
- Salat.

Jetzt pflanzen

- Blumenkohl
- Brokkoli
- Grünkohl.

Jetzt ernten

- Buschbohnen
- Dicke Bohnen
- Erbsen
- Gurken
- Kartoffeln
- Mangold
- Möhren
- Rucola (Rauke)
- Salat
- Zucchini.

Hochbeet-Praxis

Spätaussaaten auf dem Beet

Der Juli ist für viele Gemüsesorten die letzte und für einige die erste Möglichkeit, diese

Die Dicken Bohnen sind jetzt erntereif. Immer von unten nach oben abernten.

Eine besondere Delikatesse: die ersten selbst geernteten Kartoffeln.

auszusäen. Diesen Zeitpunkt sollte man nicht verpassen. Auch wenn das Beet Anfang des Monats noch voll bepflanzt ist, lassen sich in Aussaatschalen jetzt Setzlinge von Kohlrabi, Mairüben und Herbst-Salaten vorziehen. Diese kann man dann für die Ernte im Herbst im August aufs Beet pflanzen.

Bohnen regelmäßig pflücken

Busch- und Stangenbohnen sollte man jeden zweiten bis dritten Tag durchpflücken. Die jungen, zarten Hülsen sind besonders lecker. Die Bohnenhülsen sollten noch keine Kernausbuchtungen zeigen. Je regelmäßiger man erntet, desto größer ist der Ertrag. Bohnen immer beidhändig pflücken, eine Hand am Stiel und eine an der Bohnenhülse, sonst reißt man leicht den ganzen Fruchtstand ab.

Tomaten ausgeizen

Wenn Tomaten ungehindert wachsen, kann schnell ein Dschungel aus Trieben entstehen, dessen Früchte nicht genug Licht zum Ausreifen haben und der unnötig viel Wasser und Nährstoffe braucht. Man entfernt deshalb regelmäßig alle jungen Seitentriebe, die aus den Blattachseln sprießen, noch im Anfangsstadium. Nur schwachwüchsige Buschtomaten und Hängetomaten für Ampeln kann man ungehindert wachsen lassen.

Pflanzenschutz: bei Tomaten auf Braunfäule achten

Anzeichen für diese Pilzkrankheit sind graubraune Flecken, die zuerst vor allem an den unteren Blättern der Pflanzen auftreten, später wird die ganze Pflanze befallen, auch die Früchte. Befallene Blätter immer gleich ent-

Bohnen immer mit zwei Händen pflücken, sonst reißt man leicht den ganzen Fruchtstand ab.

Bei Tomaten regelmäßig die Seitentriebe in den Blattachseln entfernen.

fernen und entsorgen. Nicht auf das Laub gießen, und wenn irgendwie möglich für Regenschutz über den Pflanzen sorgen.

Kräuter-Tipps

- Zitronenmelisse zurückschneiden, bevor sie Blüten ansetzt. Dann kann man bald wieder frisch ausgetriebene Blätter ernten.

Eine alte Harke wird hier als Hakenleiste für Handgeräte und Schere genutzt.

- Petersilie aussäen. Sie hat einen hohen Wärmebedarf und keimt jetzt schnell. Dabei auf gleichmäßige Bodenfeuchtigkeit achten!
- Borretschblüten verzieren Salate und Suppen und sind in Eiswürfeln eingefroren eine tolle Deko für sommerliche Mixgetränke.
- Stecklinge von Kräutern wie Bergbohnenkraut, Salbei oder Rosmarin schneiden zum Vermehren der Pflanzen.

Alte Geräte, neuer Nutzen

Alte, mit Rostpatina versehene Gartengeräte wie Handschaufeln, Harken oder Rechen kann man einen zweiten Nutzen geben. Aus der Harke wird eine Hakenleiste, das Schaufelblatt der Handschaufel kann z. B. als Basis für ein persönliches Namensschild auf dem Hochbeet dienen. Wenn im eigenen Gartenschuppen alles zu neu ist, kann man in Opas Laube oder auf dem Flohmarkt danach suchen.

Jetzt genießen

Zucchini-Tomaten-Currry

Für 4 Personen

Zutaten:

750 g Zucchini

3 Schalotten

2 Knoblauchzehen

400 g Tomaten (frisch oder aus der Dose)

2–3 EL Olivenöl

1–2 TL Curry

¼ l trockener Weißwein

2 EL Gemüsebrühe-Pulver

1 EL Aprikosen- oder Quittenkonfitüre

abgeriebene Schale einer Bio-Zitrone

Zubereitung:

Zucchini waschen und in kleine Würfel schneiden, Schalotten und Knoblauch schälen und fein hacken. Frische Tomaten kurz in kochendes Wasser tauchen, enthäuten und das Fruchtfleisch in Würfel schneiden (Dosentomaten würfeln).

Öl in einer Pfanne erhitzen, Curry kurz anrösten und Zucchini, Schalotten und Knoblauch darin andünsten. Wein angießen, Gemüsebrühe-Pulver zufügen und alles gut umrühren. Etwa 10 Minuten köcheln lassen, dann die Tomaten zugeben und weitere 5 Minuten garen. Mit Zitronenabrieb und Konfitüre abschmecken. Als Beilage dazu passt Basmatireis. Das Curry lässt sich auch gut einfrieren.

Gurken-Carpaccio mit Forellen-Mousse

Für vier Personen

Zutaten:

200 g Räucherforelle
1 EL fein gehackter Dill
1 TL Zitronensaft
1 TL Olivenöl
80 g Crème frâiche
Salz, Pfeffer
2 kleine Salatgurken
100 ml Olivenöl
40 ml weißer Balsamico-Essig
1 Prise Zucker
2 EL Gemüsebrühe
Pfeffer

Zubereitung:

Die Forellenfilets mit Dill, Salz, Zitronensaft, Crème frâiche und Olivenöl pürieren und 20 Minuten kühl stellen. In der Zwischenzeit Gurken fein hobeln und die Scheiben auf einem flachen Essteller fächerförmig auslegen. Aus Öl, Balsamico, Zucker, Gemüsebrühe und Pfeffer eine Vinaigrette zubereiten und mit einem Pinsel auf die Gurken streichen. Von dem Forellenmousse mit einem Esslöffel pro Teller 3 Nocken abstechen und auf den Gurkenscheiben anrichten.

Das kleine Kräuterrezept: Kapuzinerkresse-Butter

6 fein geschnittene Kapuzinerkresseblätter und 15 Kapuzinerkresseblüten unter 250 g zimmerwarme, aufgeschlagene Butter mischen. Mit Meersalz und Cayennepfeffer würzen. In einem Stück Alufolie zur Rolle formen und kühl stellen. Lecker als Brotaufstrich und zu gegrilltem Fisch oder Fleisch. Die Butter lässt sich auch gut als Vorrat einfrieren.

Lecker und dekorativ: aromatische Kräuterbutter mit Kapuzinerkresse.

August

Im August erreicht der Sommer seinen Höhepunkt und es ist Haupt-Erntezeit im Garten – natürlich auch auf dem Hochbeet. Jetzt gilt es, die Früchte der Mühen zu genießen. Der Erntekorb ist stets gut gefüllt: Die Tomaten sind reif, Zucchini und Gurken kann man ernten, Stangenbohnen sind zu pflücken. Aber noch sollte man nicht die Hände ganz in den Schoß legen, denn erste Aussaaten für Herbst- und Winterernte sind möglich.

☾ **Mond-Tipp** Schädlinge wie Blattläuse oder Kohlweißlingsraupen lassen sich an den Tagen vor Neumond erfolgreich bekämpfen.

Extra-Tipp: Die Haupt-Blütenknospe kurz unter dem Blütenstand abschneiden, es bilden sich Seitentriebe und schon etwa 10 Tage später kann erneut geerntet werden. Bei der Pflanzung im Juli in Abständen noch mehrmals bis in den Oktober hinein.

Gemüse des Monats:
Brokkoli (*Brassica oleracea* var. *italica*)

Brokkoli ist das Supergemüse schlechthin, er enthält eine Vielzahl von Vitaminen, Mineral-stoffen und sekundären Pflanzenstoffen. Durch die grüne Farbe ist er gesünder als der weiße Blumenkohl. Auf dem Hochbeet kann er, spät gepflanzt, bis in den Herbst mehrmals beerntet werden. Den Brokkoli am besten nur kurz garen, z. B. als Wok-Gemüse.

Kultur: Aussaat im Mai, 1 cm tief in Aussaat-schalen, etwa Anfang Juli aufs Beet pflanzen, z. B. nach Frühkartoffeln. Immer gut feucht halten und im August noch mal düngen.

Krankheiten, Schädlinge: Kohlweißlinge, Erdraupen, Weiße Fliege.

Empfehlenswerte Sorten: 'Marathon', 'Calabrese Natalino'.

Erntereif: Blütenstand des Brokkoli.

Jetzt aussäen

- Feldsalat (erstmalig)
- Pflücksalat (letztmalig).

Jetzt ernten

- Busch- und Stangenbohnen
- Gurken
- Mangold
- Paprika
- Rucola (Rauke)
- Salat
- Tomaten
- Winterheckezwiebel
- Kräuter.

Hochbeet-Praxis

Kürbisse trocken lagern

Junge Kürbisfrüchte vertragen Feuchtigkeit schlecht. Um sie vor Fäulnis zu schützen, bettet man die Früchte auf eine Schicht Holzwolle oder einen umgedrehten Tontopf. So wird ein direkter Erdkontakt vermieden, die Früchte verschmutzen nicht, bekommen mehr Sonne und Licht zum Ausreifen.

Gründünger statt Wintergemüse

Wer sein Hochbeet für den Herbst und Winter nicht oder nur teilweise neu bepflanzen möchte, kann anstelle von Feldsalat und Winterportulak auch flächig Gründüngungspflanzen wie Lupinen oder Phacelia einsäen. Die Be-

Jetzt ist Haupterntezeit für saftig-aromatische Tomaten, das Lieblingsgemüse der Deutschen.

Kürbisfrüchte bleiben sauber, wenn man sie z. B. auf einen Tontopf legt.

grünung des Beetes schützt den Boden über den Winter. Lupinen sammeln in den Wurzelknöllchen dazu noch Stickstoff an. Im Frühjahr werden die Reste des Gründüngers einfach in den Boden mit eingearbeitet.

Pflanzenschutz: Kohl vor Raupen schützen

Bei Kohlpflanzen, aber auch bei der Kapuzinerkresse jetzt auf gelbe, gerippte Eigelege des Kohlweißlings achten und seine gefräßigen Larven. Beides von den Pflanzen absammeln und beseitigen.

Kräuter-Tipps

- Kapuzinerkresseblätter und -blüten ernten und als Salatzutat und zur Deko verwenden.
- Lavendel für den Wintervorrat trocknen.
- Nach einem Rückschnitt treiben Minze, Zitronenmelisse und Schildampfer noch mal frische Blätter.

Unterschlupf für Nützlinge

Im Handel gibt es mittlerweile eine Vielzahl von Nützlingsquartieren zu kaufen. Mit wenigen Handgriffen kann man aber auch selbst Unterschlupf oder Brutraum für Marienkäfer, Schlupfwespe, Solitärbiene und Co. basteln. Damit lockt man die nützlichen Insekten als Schädlingsvertilger oder Bestäuber in die Nähe der Gemüsekulturen. Marienkäfer zum Beispiel haben es dann nicht weit, um Blattläuse von den Bohnen zu naschen und Wildbienen bestäuben dann Kürbis oder Zucchini.

Gründüngungspflanzen wie Lupinen geben dem Boden im Herbst und Winter Schutz.

Die Raupen vom Kohlweißling sind auch auf der Kapuzinerkresse zu finden.

- Eine oder mehrere leere Konservendosen lassen sich mit Stücken von hohlen Bambustrieben, Holunderzweigen, Schilfstängeln oder Himbeertrieben füllen. Die Dose mit einer Schraube an der südlichen Stirnseite des Beetes festschrauben. Sie dient z. B. Mauerbienen als Brutstätte.
- Auch Hartholzscheiben (kein Nadelholz verwenden) mit Lochbohrungen von 3 bis 6 mm bieten Unterschlupf und Brutraum für Wildbienen und andere Nützlinge.
- Eine kleine Zigarrenkiste, mit Kiefernzapfen gefüllt und mit einem feinmaschigen Drahtgitter verkleidet, dient Marienkäfern als Unterschlupf vor Fraßfeinden.

Nützlingsquartiere wie dieses kann man mit wenig Aufwand auch leicht selber bauen.

Jetzt genießen

Garten-Gazpacho
Für 4 Personen

Zutaten:
3 große, vollreife Tomaten
1 kleine Salatgurke
1 grüne Paprikaschote
1 Knoblauchzehe
1 EL Olivenöl extra vergine
1 Schuss Sherryessig
Meersalz, Pfeffer, Zucker

Zubereitung:
Die Schale der Tomaten einschneiden, in einer Schüssel kurz mit kochendem Wasser überbrühen, dann die Schale abziehen. Gurke schälen und würfeln, Paprika entkernen und klein schneiden, Knoblauch schälen und klein schneiden. Zutaten zusammen mit dem Olivenöl und dem Essig in einem Mixaufsatz fein pürieren. Mit Salz, Pfeffer und einer Prise Zucker abschmecken. Dann noch so viel Wasser hinzufügen, dass die Gazpacho sich gut trinken lässt. Nochmals durchmixen. Im Kühlschrank kalt stellen und mit Kräuter oder gerösteten Weißbrotwürfeln dekoriert im Glas servieren.

Zucchini-Puffer
Für 4 Personen

Zutaten:
500 g Zucchini
1 mittelgroße Zwiebel
Olivenöl
3 Eier
100 g kernige Haferflocken

50 g Parmesan
Salz und Pfeffer
1 EL Weizenmehl

Zubereitung:

Die Zucchini in feine Streifen raspeln, salzen und nach ein paar Minuten die Flüssigkeit ausdrücken. Fein gehackte Zwiebel, die Haferflocken, den Käse und die Gewürze mit den Zucchiniraspeln gut vermischen. Dann die Eier unterrühren und bei Bedarf ein bisschen Mehl zufügen. In einer Pfanne etwas Öl erhitzen und je einen Esslöffel der Zucchinimasse in das Öl geben, leicht flach drücken und von beiden Seiten knusprig braten.

Das kleine Kräuterrezept: Frittierte Salbeiblätter

Von einem Ei (Größe L) Eiweiß und Eigelb trennen. Aus 125 g Weizenmehl, 125 ml Bier, dem Eigelb und einem EL Öl mit einer Prise Salz einen Teig rühren. Das Eiweiß steif schlagen und vorsichtig unter den Bierteig heben.
24 Salbeiblätter durch den Bierteig ziehen und portionsweise in einer Pfanne in heißem Fett goldbraun ausbacken.
Die frittierten Blätter auf Küchenpapier abtropfen lassen und mit etwas Zitronensaft beträufelt lauwarm servieren. Die Menge reicht etwa für 4 Personen als Mini-Vorspeise zu französischem Baguette und Butter.

Erfrischende Sommersuppe: Garten-Gazpacho mit Tomaten, Paprika und Gurke.

Knusprige Zucchini-Puffer sind schnell gemacht und mit Kräuterdipp besonders lecker.

September

Mit dem Beginn des Septembers ist der Abschied vom Sommer nicht mehr weit. Auf dem Hochbeet kann man jetzt noch einmal aus dem Vollen schöpfen und viele Blatt- und Fruchtgemüse ernten. Gießen ist jetzt oft nur noch vereinzelt nötig, gedüngt wird lediglich der Grünkohl. Bis Monatsmitte kann man noch letzte Aussaaten vornehmen für weitere Ernten im Herbst und Winter.

☾ Mond-Tipp

Wurzeltage bei abnehmendem Mond eignen sich ganz besonders zum Ansetzen eines Komposthaufens. Dieser wird schneller zu Humus abgebaut.

Gemüse des Monats:
Feldsalat *(Valerianella locusta)*

Feldsalat ist eine wichtige Nachkultur auf dem Hochbeet, von der man oft auch im Winter ernten kann. Die flachen, dunkelgrünen Rosetten liefern leckere Blattsalate mit dem typisch nussigen Aroma und sind winterhart.

Kultur: Aussaat ab Mitte August, ca. 2 cm tief in Reihen säen. Feldsalat braucht mindestens zwei Wochen, bis er keimt; die Erde in dieser Zeit feucht halten. Zu eng stehende Sämlinge auf etwa 6 cm Abstand vereinzeln. Als Schwachzehrer hat Feldsalat keine Düngung nötig. Im Winter mit Vlies abdecken.

Empfehlenswerte Sorten: 'Accent' (robust, tolerant gegen Falschen Mehltau), 'Elan' (mehltauresistent und wüchsig), 'Vit' (raschwüchsig und frosthart), 'Ovired' (rotblättrig und robust).

Krankheiten, Schädlinge: Echter und Falscher Mehltau, resistente Sorten wählen.

Extra-Tipp: Feldsalat nicht bei Frostwetter ernten. Er fällt dann beim Auftauen zusammen.

Feldsalat kann man auch im Winter ernten.

Vom Spinat gibt es auch Sorten mit roten Stielen und Blattadern wie 'Reddy'.

Die ersten Hokkaido-Kürbisse sind jetzt bald erntereif.

Jetzt aussäen

- Feldsalat
- Radieschen
- Rucola (Rauke)
- Herbstspinat
- Winterportulak.

Jetzt ernten

- Blumenkohl
- Busch- und Stangenbohnen
- Brokkoli
- Gurken
- erste Kürbisse
- Mangold
- Rucola (Rauke)
- Salate
- Tomaten
- Zucchini.

Hochbeet-Praxis

Saatgut sammeln

Ab September kann man von einigen Gemüse- und Kräuterkulturen selbst Saatgut abnehmen und trocknen für die nächste Gartensaison. Dies ist zum Beispiel bei Salatrauke und Dill möglich, bei Kürbissen und Tomaten oder auch bei Borretsch, Ringelblumen und Kapuziner- kresse. Wichtig ist, dass die Früchte bzw. Samenkapseln an der Pflanze voll ausreifen, bevor man das Saatgut erntet.

Bei Saatgut aus Früchten wie Kürbis oder Tomate sollten die entnommenen Samen mit den anhaftenden Fruchtfleischresten über

Nacht in Wasser gelegt werden. Dann lassen sich die Fruchtfleischreste gut abspülen. Samen anschließend gut trocknen. Die getrockneten Samen hebt man am besten in kleinen Papierumschlägen auf oder in Schraubgläsern. Gleich auch die Pflanzen- bzw. Sortennamen und Erntejahr auf den Tüten vermerken! Bis zum kommenden Frühjahr an einem trockenen und dunklen Platz lagern.

Letzte Aussaaten

Wo auf dem Hochbeet Reihen frei sind, kann man etwa bis Monatsmitte noch Feldsalat und Spinat säen. Die Aussaaten bei sonnigem, trockenem Wetter regelmäßig wässern, damit die Samen auch zuverlässig auflaufen (also keimen). Vor den ersten Frösten die Kulturen mit Vlies abdecken.

Winterportulak mag es kühl

Winterportulak *(Montia perfoliata)*, auch Tellerkraut oder Postelein genannt, keimt erst bei Temperaturen unter 12 °C. Das feine Saatgut nur dünn mit Erde bedecken. Das robuste Kraut mit mild-nussigem Geschmack verträgt Frost bis −20 °C. Es liefert im Winter vitaminreiches Grün für Salate oder als Brotbelag.

Pflanzenschutz: gefräßige Erdraupen

Unregelmäßige Löcher in den Blättern von Kohl oder Salat, dunkle Kotkrümel und weit und breit kein Schädling in Sicht. Dies deutet auf den Befall mit Erdraupen am Gemüse hin. Dabei handelt es sich um die Larven von verschiedenen Eulenfalter-Arten, die nachtaktiv sind. Die Larven lassen sich am späten Abend mit der Taschenlampe absuchen, tagsüber verkriechen sie sich in der Erde.

Saatguternte: **1** Die Samen einer reifen Tomate in einem Glas mit Wasser 2–3 Tage einweichen. **2** Wasser abgießen und die Samen in einem Küchensieb gründlich abspülen. **3** Auf Küchenpapier trocknen lassen und in beschrifteten Tütchen trocken verwahren.

Kräuter-Tipps

- ◼ Vor dem Herbstbeginn letzte Kräutervorräte für Tees und zum Würzen trocknen.
- ◼ Basilikumpflanzen in Töpfe setzen und für die Weiterkultur im Haus verwenden.
- ◼ Schachtelhalm und Rainfarn sammeln und trocknen. Dies dient als Vorrat für Pflanzen-Stärkungsmittel gegen Krankheiten und Schädlinge.

Saatguttüten im Origami-Stil

Zum Lagern oder Verschenken des selbst geernteten Saatguts von Kräutern oder Gemüse kann man mit wenigen Handgriffen diese kleinen Papiertüten im Origami-Stil falten. Verwendet werden hierfür quadratische Notizblattzettel mit einer Größe von etwa 9 × 9 cm. Die Tüten lassen sich mit einer Büroklammer verschließen. Mit Sortennamen und Erntedatum versehen.

Saatguttüten falten: **1** Einen quadratischen Notizzettel diagonal falten. **2** Dann die beiden Spitzen zur Mitte hin falten, sodass sie genau übereinander liegen. **3** Nun die eine Spitze in die Falte der anderen Seite stecken. **4** Dann eine der oberen Blattspitzen nach innen knicken und man hat eine kleine Tüte.

Jetzt genießen

Tomaten-Clafoutis
Für 4 Personen

Zutaten:
70 g Butter
125 ml Milch
4 Eier
Salz, Pfeffer
50 g geriebener Parmesan
100 g Weizenmehl
4 Zweige Basilikum
400 g Cocktailtomaten

Zubereitung:
Die Butter zerlassen. Zusammen mit Milch, Eiern, Salz und Pfeffer mit dem Handmixer verrühren. 40 g Parmesan und das Mehl unterrühren. Basilikum in feine Streifen schneiden und unter den Teig heben. Teig in vier flache, gefettete Auflaufformen (Crème-brûlée-Schälchen) füllen. Die gewaschenen Tomaten auf dem Teig verteilen. Im vorgeheizten Backofen bei 220 °C auf der 2. Schiene von unten etwa 12–15 Minuten backen. Mit dem restlichem Parmesan bestreut servieren.

Nudel-Brokkoli-Pfanne
Für zwei Personen

Zutaten:
125 g Nudeln, z. B. Penne oder Farfalle
250 g Brokkoli
1 Zwiebel
100 g gekochter Schinken
2 EL Öl
125 ml Gemüsebrühe
150 g Cocktailtomaten
75 g geriebener Gratinkäse
Salz, Pfeffer
2 EL gehackte Petersilie

Zubereitung:
Die Nudeln in reichlich Salzwasser bissfest kochen. Den Brokkoli in kleine Röschen zerteilen und in einem Topf mit Dämpfeinsatz ca. 6 Minuten dämpfen.
Die Zwiebel schälen und in feine Würfel schneiden, den Schinken würfeln. Die Petersilie fein hacken. Zwiebeln und Schinken im Öl anbraten. Nudeln und Brokkoli hinzugeben und mit der Gemüsebrühe angießen. Die Cocktailtomaten unterheben, mit Salz und Pfeffer abschmecken und den Gratinkäse darüber verteilen. Deckel auf die Pfanne setzen und bei niedriger Hitze den Käse schmelzen lassen. Mit Petersilie bestreut servieren.

Clafoutis – ein saftiger Tomaten-Auflauf nach französischem Vorbild, ideal als kleine Vorspeise.

Oktober

Auch im Oktober kann es noch sonnige, milde Tage geben, aber auch schon ersten Frost. Auf dem Hochbeet reifen jetzt die letzten Sommergemüse und der letzte Erntehöhepunkt steht mit der Kürbisernte an. Wer einen Frühbeetaufsatz hat, sollte diesen jetzt wieder auf das Beet stellen, um heranwachsendes Herbstgemüse wie Feldsalat und Spinat zu schützen.

☽ **Mond-Tipp** Lagergemüse wie Kürbisse nach Möglichkeit bei abnehmendem Mond ernten. Sie sind dadurch besser haltbar und gesünder in der Schale.

Gemüse des Monats:

Kürbis *(Cucurbita pepo)*

Die dickste Beerenfrucht der Welt enthält viel Betacarotin, Vitamin E, Ballaststoffe und Spurenelemente. Für das Hochbeet eignen sich aus der Vielfalt der Kürbissorten vor allem kleinfrüchtige Sorten, die lange haltbar sind, wie der Hokkaido-Kürbis. Praktisch bei ihm ist außerdem, dass man die dünne, tief orangefarbene Schale mit verwenden kann.

Kultur: Aussaat Mitte April bis Mitte Mai. Pflanzen einzeln in kleinen Töpfen im Haus vorziehen. Saattiefe: 2 cm. Auspflanzen ab Mitte Mai. Regelmäßig mit Pflanzenjauchen oder einem organischen Gemüsedünger düngen, da Kürbisse Starkzehrer sind. Seitentriebe einkürzen, wenn der Wuchs zu mächtig wird.

Krankheiten, Schädlinge: Jungpflanzen und Blüten vor Schnecken schützen.

Empfehlenswerte Sorten: 'Butternut Squash' (birnenförmig, sehr lange haltbar), 'Potimarron' (etwas größere, aromatische Hokkaido-Sorte), 'Ushi Kuri' (Hokkaido-Klassiker), 'Winter Festival' (dekorativ gerippte, gelb-grüne Früchte).

Extra-Tipp: Reife Kürbisse erkennt man daran, dass die Stiele eintrocknen und die Früchte hohl klingen, wenn man darauf klopft.

Hokkaido-Kürbisse kann man lange lagern.

Vitaminspender für den Winter: Die zarten Blätter vom Winterportulak trotzen der Kälte.

Blattsalate können schädliches Nitrat speichern, wenn sie nicht ausreichend Licht bekommen.

Jetzt ernten

- Brokkoli – verträgt etwas Frost, deshalb nicht zu früh vom Beet räumen.
- Feldsalat
- den ersten Grünkohl
- Kürbis
- Winterportulak.

Hochbeet-Praxis

Nitratarmes Gemüse ernten

Gemüsearten, die leicht zu viel Nitrat einlagern, wie Spinat, Rucola (Rauke), Radieschen oder Salat, frühestens am späten Vormittag ernten, dann ist ein Teil des über Nacht eingelagerten Nitrats bereits wieder im Sonnenlicht von der Pflanze weiterverarbeitet worden. Dies ist vor allem im Frühjahr und Herbst wichtig, wenn die Nächte länger sind und die Pflanzen weniger Licht bekommen.

Rhabarber mulchen

Die Blätter des Rhabarbers ziehen oft schon im September ein. Als Starkzehrer brauchen Rhabarberpflanzen viel Nährstoffe. Den Rhabarber im Pflanzkasten der Küchengarten-Box deshalb jetzt mit einer Schicht reifem Kompost mulchen. Diese schützt den Wurzelballen der Pflanze den Winter über vor dem Austrocknen und setzt im Frühjahr Nährstoffe frei für einen guten Wachstumsstart.

Kompost ansetzen

Im Herbst fällt im Garten jede Menge Pflanzenmaterial an. Auf dem Hochbeet haben Zucchini und Kürbispflanzen bald ausgedient. Die Pflanzenreste liefern grob zerkleinert eine wertvolle Basis für neuen Kompost zum Auffüllen des Beetes im Frühjahr. Schneller als in einem offenen Kompostsilo entsteht reife Komposterde in doppelwandigen Thermokompostern aus Kunststoff. Darin zersetzen sich Pflanzenreste bei höheren Temperaturen durch die geschlossene, wärmeisolierte Umgebung schneller.

Hierfür Laub, Pflanzenabfälle, Grasschnitt und Häckselgut von Zweigen und Ästen im Behälter gut mischen. Etwas reifen Kompost oder Gartenerde zusetzen, um den Rotteprozess zu beschleunigen. Es gibt auch fertige Kompostbeschleuniger mit Mikroorganismen und Pilzkulturen zu kaufen, die die Verrottung der Pflanzenabfälle rascher in Gang bringen.

In einem Thermokomposter kann man die Pflanzenabfälle aus dem Hochbeet sinnvoll verwerten und daraus wieder kostbaren Kompost für das Beet gewinnen.

Pflanzenschutz: auf Schneckeneier achten

Im Herbst legen Nacktschnecken ihre Eigelege mit perlweißen, kugelrunden Eiern ab. Findet man diese im Garten oder direkt auf dem Hochbeet, gleich einsammeln und vernichten. Die Schneckenunterschlupf-Bretter auf dem Beet werden auch gern zur Eiablage verwendet und sollten regelmäßig daraufhin kontrolliert werden.

Kräuter-Tipps

- Vor dem Frost letzte Vorräte an Minzeblättern ernten und trocknen.

Chilischoten können im Haus ausreifen, wenn man die Pflanzen in Töpfe umpflanzt.

- Chilipflanzen sind mehrjährig und können in Töpfe gepflanzt in einem hellen, mäßig warmen Platz im Haus überwintern.
- Restliches Basilikum vor dem Frost abernten und zu Pesto verarbeiten.

Kürbisse verzieren

Wie wäre es statt Gruselgesicht mal mit einer schönen Blumenranke auf dem Kürbis? Vom Kürbis einen flachen Deckel abschneiden, die Kerne entfernen und das Fruchtfleisch mit einem Löffel so weit ausschaben, dass etwa eine 2 Zentimeter dicke Wand stehen bleibt. Für das Blattmuster eine Schablone aus dem Bastelbedarf verwenden oder eine Blattranke aus dem Garten. Diese mit Klebefilm auf dem Kürbis fixieren, die Umrisse mit einem Stift nachzeichnen und mit einem Cutter ausschneiden. Um zu verhindern, dass der ausgehöhlte Kürbis schimmelt, ihn innen mit einem Föhn trocknen und mit Haarspray einsprühen. Ein Teelicht in einem kleinen Glaswindlicht bringt den Kürbis zum Leuchten.

Jetzt genießen

Kürbispfanne mit Schafskäse

Für 2 Personen

Zutaten:

400 g Hokkaido-Kürbis
2 kleine Zwiebeln
2 EL Olivenöl
2 Knoblauchzehen
100 g schwarze Oliven, entsteint
100 g Schafskäse
Salz, Pfeffer

Zubereitung:

Den Hokkaido-Kürbis in dünne Spalten schneiden und diese halbieren. Zwiebeln und Knoblauch in feine Scheiben schneiden. Olivenöl
in einer großen, beschichteten Pfanne erhitzen, Kürbis darin anbraten, Zwiebeln und
Knoblauch zufügen und etwa 10 Minuten bei
schwacher Hitze weitergaren, zwischendurch
einmal schwenken. Oliven halbieren und zufügen. Mit Salz und frisch gemahlenem Pfeffer
würzen und den in kleine Würfel geschnittenen
Schafkäse dazugeben. Mit frischen Kräutern
wie Petersilie oder auch Schnittlauch bestreut
servieren.

Das kleine Kräuterrezept: Herbst-Pesto

Etwa 100 g grob gehackte Gartenkräuter
(Zitronenmelisse, Basilikum und Petersilie)
mit drei fein gehackten Knoblauchzehen,
100 ml Olivenöl, 50 g gehackten Walnuss-
kernen und 50 g geriebenem Parmesan mit
einem Mixstab pürieren. Mit Salz und Pfeffer
abschmecken und in ein Schraubglas füllen.
Zur besseren Haltbarkeit als oberste Schicht
noch etwas Olivenöl einfüllen. Im Kühlschrank
aufbewahren. Das Herbst-Pesto schmeckt
lecker zu Spaghetti oder auf geröstetem
Weißbrot.

Florale Kürbis-Deko: Statt Gruselgesicht schmücken hier Pflanzenranken den ausgehöhlten Kürbis, ein Hingucker
für die herbstliche Terrasse. Das Fruchtfleisch für eine wärmende Suppe verwenden.

November

Mit dem bunten Herbstlaub, das von den Bäumen fällt, neigt sich das Hochbeetjahr dem Ende zu. Im November kann es die ersten stärkeren Fröste geben. Was außer Grünkohl noch auf dem Hochbeet wächst, freut sich jetzt über eine schützende Vliesabdeckung. Wichtig: Herbstgemüse nur bei frostfreiem Wetter ernten. Bei günstigem Wetter hat man jetzt Zeit, ein neues Beet zu bauen.

☾ **Mond-Tipp** Die Tage mit Erdnähe oder Erdferne des Mondes gelten als ungünstig für Saat und Pflanzung.

Gemüse des Monats:
Grünkohl (*Brassica oleracea* var. *sabellica*)

Grünkohl gehört zu den Gemüsearten mit dem größten Gesundheitspotenzial. Er enthält viel Vitamin C und K_1 sowie zahlreiche sekundäre Pflanzenstoffe. Darunter den Pflanzenfarbstoff Lutein, der u. a. altersbedingten Augenkrankheiten vorbeugen kann.

Grünkohl schmeckt nicht nur deftig eingekocht. Die jungen Blätter lassen sich auch sehr gut als Salatzutat verwenden. Sie sind im Geschmack ähnlich wie Rucola (Rauke).

Kultur: Aussaat ab Mitte Mai, auspflanzen etwa Mitte Juli bis Anfang August, z. B. als Nachkultur von Kartoffeln. Im September mit einem organischen Gemüsedünger nachdüngen. Ernte im Herbst nach dem ersten Frost, dann ist der Grünkohl milder im Geschmack.

Krankheiten, Schädlinge: Fraßschäden durch Eulenraupen, Mehlige Kohlblattlaus, Weiße Fliege.

Empfehlenswerte Sorten: 'Halbhoher grüner Krauser', 'Lerchenzunge', 'Vitessa'.

Extra-Tipp: Grünkohl kann gut in Mischkultur mit Salat stehen. Dieser ist meist abgeerntet, bevor der Grünkohl den ganzen Platz braucht.

Das fein gekrauste Grünkohl-Laub verträgt Frost.

Jetzt ernten

- Letzten Brokkoli
- Feldsalat
- den ersten Grünkohl
- Herbst-Spinat
- Winterportulak.

Hochbeet-Praxis

Kürbisse richtig lagern

Reife Kürbisse lassen sich nach der Ernte gut mehrere Monate lagern. Zuerst können sie noch als schöne Herbst-Dekoration draußen liegen bleiben, z. B. in einem Korb vorm Haus-eingang. Was nach den ersten Frösten noch übrig ist, lagert man am besten kühl in einem ungeheizten Kellerraum oder Wintergarten.

So bringt man Wintergemüse unter die Haube

Frostschutzvliese aus Kunststoff-Fasern schützen die letzten Kulturen auf dem Beet vor eisigen Winden und Frost. Feldsalat, Winterportulak und Winterheckezwiebel können so länger geerntet werden. Das Vlies kann direkt über die Kulturen gelegt und an den Ecken mit Steinen vor dem Wegwehen geschützt werden oder man steckt drei Metallbügel oder Haselnussruten in das Beet und legt das Vlies als Tunnel darüber. Die Enden beiderseits mit Wäscheklammern zusammenhalten.

Kräuter-Tipps

- Salbei, Thymian und Lavendel nicht zurück-schneiden, die Triebe schützen den Wurzel-bereich vor Frost und man kann auch im Winter noch ernten.

Eine Vlies-Abdeckung auf dem Beet schützt das Wintergemüse vor dem Frost.

Salbeiblätter kann man bis in den Winter hinein ernten, daher nicht zurückschneiden.

■ Rosmarin vor Frost schützen, eventuell die Pflanze in einen Topf setzen und im Haus überwintern.

Jetzt genießen

Grünkohl-Lasagne
Für 6 Personen

Zutaten:
1 kg Grünkohl, geputzt
250 g Zwiebeln
2–3 Knoblauchzehen
100 g Pancetta (italienischer Bauchspeck)
2 EL Olivenöl
350 ml Gemüsebrühe
250 g Tomaten oder eine kleine Dose Pizzatomaten
Meersalz, Pfeffer
50 g Butter
40 g Mehl
180 ml Milch
250 g Schlagsahne
Abgeriebene Schale einer Bio-Zitrone
Muskatnuss
9 Lasagneblätter
125 g Bergkäse
150 g Mozzarella

Zubereitung:
Grünkohl waschen, in kochendem Wasser kurz blanchieren und abtropfen lassen. Öl im Topf erhitzen, fein geschnittene Zwiebeln, Knoblauch und Pancetta darin andünsten. Grünkohl zugeben, mit der Gemüsebrühe ablöschen und 30 Minuten zugedeckt köcheln lassen. Die Tomaten unterheben und 15 Minuten offen weiterkochen lassen, bis die Flüssigkeit fast verkocht ist. Mit Salz und Pfeffer würzen. Butter im Topf schmelzen, Mehl unter Rühren hinzufügen und kurz anschwitzen. Milch und Sahne unterrühren, kurz kochen lassen. Zitronenabrieb unter die Béchamelsoße rühren und mit Salz, Pfeffer und Muskat würzen. Rechteckige Auflaufform dünn mit Butter einfetten. 3 Lasagneblätter nebeneinander hineinlegen, die Hälfte des Grünkohls darauf verteilen, 1/3 der Béchamelsoße darüber geben und mit 1/3 des Bergkäses bestreuen. Den Vorgang wiederholen, mit den restlichen Lasagneblättern belegen und die übrige Béchamelsoße darauf verteilen. Mit dem in Scheiben geschnittenen Mozzarella belegen und mit dem Rest des Bergkäses bestreuen. Bei 200 °C im unteren Drittel des Backofens 40–45 Minuten backen.

Würziger Grünkohl ersetzt in diesem Lasagne-Rezept den Spinat.

Dezember

Im letzten Monat des Jahres ist es Zeit, innezuhalten und Bilanz zu ziehen. Was ist besonders gut gewachsen auf dem Hochbeet und hat reiche Ernte gebracht, was war vielleicht nicht so gut? Wer sich Notizen macht, kann im nächsten Jahr besser planen. Bei frostfreiem Wetter kann man noch Feldsalat und Grünkohl ernten. Auch der Bau eines Hochbeetes bietet sich jetzt an, wenn es trocken und nicht zu kalt ist.

☾ **Mond-Tipp** Rückschnitt von Kräutern bei Neumond, dann wachsen sie kräftig und gesund nach.

Gemüse des Monats:
Winterheckezwiebel *(Allium fistulosum)*

Mehr als Schnittlauch, aber doch keine Frühlingszwiebel – die Winterhecke ist etwas ganz Besonderes und sollte auf keinem Hochbeet fehlen. Sie ist die einzige Dauerkultur auf dem Beet und liefert schon früh im Jahr erstes gesundes Zwiebelgrün für Salate, Saucen und Gemüsepfannen. Sie blüht im späten Frühling und bildet in dieser Zeit nur wenig neue Blätter. Die Pflanzen können dann bis in den Winter hinein weiter beerntet werden.
Kultur: Aussaat im Frühjahr, Saattiefe 0,5 cm. Man erntet nur die röhrenförmigen Blätter, auch Schlotten genannt. Die Zwiebeln selbst bleiben im Boden. Im Mai Blütenansätze bis auf wenige ausknipsen, um länger zu ernten.

Zu alte Schlotten regelmäßig abschneiden, dann wächst frisches Grün nach. Zwiebelhorste im Frühjahr teilen und neu pflanzen.
Krankheiten, Schädlinge: Falscher Mehltau.
Extra-Tipp: Auch die weißen Blüten sind essbar und eine schöne Dekoration für Salate und Suppen.

Winterheckezwiebeln blühen im späten Frühjahr.

Jetzt ernten

- Feldsalat
- Grünkohl
- Herbst-Spinat
- Winterheckezwiebel
- Winterportulak
- strauchig wachsende Kräuter wie Rosmarin, Salbei und Thymian.

Hochbeet-Praxis

Geräte säubern und pflegen

Am Ende der Gartensaison reinigt man die benutzten Gartengeräte wie Handschaufel, Pflanzgabel, Jätekralle und Schere gründlich. Die Geräte dann mit einem Tuch mit Pflegeöl einreiben,

Mit Stahlwolle und Pflegeöl kann man im Winter Gartengeräte wieder fit machen.

Scheren und Messer schärfen. Danach alles zusammen mit dem übrigen Zubehör wie Pflanzschildern, Pikierstab und Gartenband in einem Korb für das nächste Jahr bereitstellen.

Wurzelgemüse einlagern

Wer noch Wurzelgemüse auf dem Beet hat, sollte dieses spätestens Anfang des Monats ernten, bevor stärkere Fröste drohen. Die Erde rund um Winterrettiche, späte Möhren oder Rote Bete zuerst etwas lockern. Dann die Rüben vorsichtig aus der Erde ziehen, die anhaftende Erde abreiben und die Blattschöpfe nach dem Herausziehen am besten abdrehen. Das Wurzelgemüse wird dann z. B. in einer Kiste mit Sand eingeschlagen, abgedeckt und kühl und forstfrei gelagert. Alternativ kann man bei 1–3 °C in das Gemüsefach des Kühlschranks lagern.

Geschenkideen vom Hochbeet

Als Mitbringsel zum Adventskaffee oder kleine Aufmerksamkeit zu Weihnachten kann man aus den Vorräten mit wenigen Handgriffen ein paar Kleinigkeiten selbst machen.

- **Schlechtwetter-Tee:**
  Getrocknete Minze-, Zitronenmelisse- und Süßdoldenblätter grob zerkleinern und in eine hübsche kleine Teedose aus Metall füllen.
- **Chili-Öl:**
  0,5 l Olivenöl in eine schöne Flasche füllen und 5 rote Chilischoten hinzugeben. Fest verkorken und etwa 14 Tage stehen lassen. Die Mischung gelegentlich vorsichtig schütteln. Man kann auch noch Knoblauch und Thymian hinzufügen.
- **Kürbis-Orangen-Chutney:**
  750 g Hokkaido-Kürbis in kleine Würfel schneiden, 3 Orangen schälen und filetieren,

dabei den Saft auffangen. 1 Stück Ingwer (ca. 30 g) schälen und fein reiben. Alles zusammen mit 250 g Rohrohzucker, 8 EL Weißweinessig, ½ TL Salz, je 1 Messerspitze Zimt, Piment und Chili vermengt aufkochen und etwa 15 Minuten köcheln lassen. Dabei häufiger umrühren. Noch heiß in saubere Einmach- oder Schraubdeckelgäser füllen und fest verschließen.

Jetzt genießen

Feldsalat mit Birnen und Feigen
Für 4 Personen

Zutaten:
150 g Feldsalat
2 Birnen
4 Feigen
12 Walnusskerne
3 EL Weißer Balsamico-Essig
Salz, Pfeffer
3–4 EL Öl
80 g Parmesanbröckchen

Zubereitung:
Den Feldsalat waschen, putzen und gut abtropfen lassen. Birnen waschen, vierteln, das Kerngehäuse entfernen und in schmale Spalten schneiden. Die Feigen waschen und vierteln. Walnüsse grob hacken. Aus Balsamico, Öl sowie je einer Prise Salz und Pfeffer eine Vinaigrette rühren. Den Feldsalat auf 4 Teller verteilen, Birnen und Feigen darauf anrichten und mit der Vinaigrette beträufeln. Mit Walnüssen und Parmesanbröckchen bestreut servieren. Dazu passt frisches Baguette.

Richtig lecker und ein schönes Gastgeschenk: Kürbis-Chutney mit Orange und Ingwer.

Delikater Wintersalat: Feldsalat, gemischt mit Birnen, Feigen und Walnüssen.

Kulturtabelle für Gemüse im Hochbeet

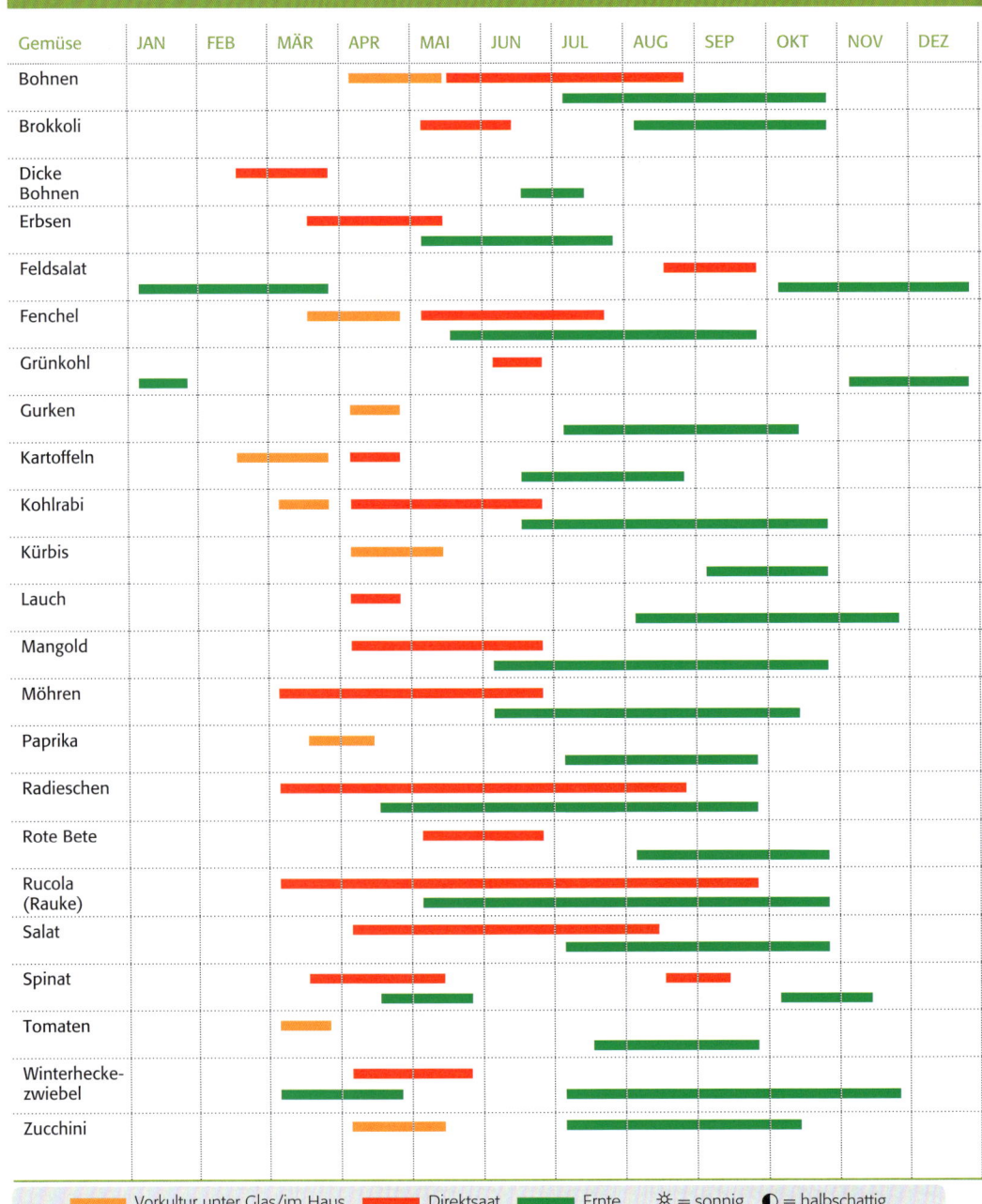

Gemüse	JAN	FEB	MÄR	APR	MAI	JUN	JUL	AUG	SEP	OKT	NOV	DEZ

Legend: Vorkultur unter Glas/im Haus · Direktsaat · Ernte · ☀ = sonnig · ◖ = halbschattig

Standort	Düngerbedarf	Gute Nachbarn	Schlechte Nachbarn
☀	Schwachzehrer	Erdbeeren, Gurken, Kohl, Salat, Rote Bete, Tomaten	Erbsen, Fenchel, Knoblauch, Lauch, Zwiebeln
–◐	Starkzehrer	Kartoffeln, Salat	Bohnen, Möhren, Kohl, Radieschen, Spinat, Tomaten
☀–◐	Schwachzehrer	Brokkoli, Kartoffeln, Möhren, Spinat	Bohnen, Erbsen, Fenchel
☀	Schwachzehrer	Fenchel, Gurken, Kohl, Kopfsalat, Möhren, Radieschen, Zucchini	Bohnen, Kartoffeln, Lauch, Tomaten, Zwiebeln
☀	Schwachzehrer	Bohnen, Kohlrabi, Kohl, Lauch, Radieschen, Spinat, Zwiebeln	---
☀	Mittelstarkzehrer	Brokkoli, Feldsalat, Grünkohl, Gurken, Kopfsalat, Kürbisse, Lauch, Spinat, Zucchini	Bohnen, Dicke Bohnen, Tomaten
☀	Mittelstarkzehrer	Bohnen, Erbsen, Gurken, Radieschen, Rote Bete, Salat, Spinat	Kartoffeln, Kohl, Lauch
☀	Starkzehrer	Bohnen, Dill, Erbsen, Fenchel, Kohl, Kopfsalat, Lauch, Rote Bete, Zwiebeln	Kartoffeln, Radieschen, Tomaten
☀	Starkzehrer	Kohl, Kohlrabi, Spinat	Kürbis, Sellerie, Tomaten
☀–◐	Mittelstarkzehrer	Bohnen, Erbsen, Kartoffeln, Kopfsalat, Lauch, Radieschen, Rote Bete, Spinat, Tomaten	Brokkoli, Fenchel, Grünkohl, Zwiebeln
☀	Starkzehrer	Bohnen	Kartoffeln
☀–◐	Starkzehrer	Kohl, Kopfsalat, Möhren, Tomaten	Bohnen, Erbsen, Rote Bete
☀–◐	Mittelstarkzehrer	Kohl, Möhren, Radieschen	Rote Bete, Spinat
☀	Schwachzehrer	Dill, Erbsen, Knoblauch, Lauch, Radieschen, Tomaten, Zwiebeln	Kartoffeln, Lauch, Rote Bete
☀	Mittelstarkzehrer	Basilikum, Kohl, Lauch	Erbsen, Fenchel, Gurken, Kartoffeln
☀	Mittelstarkzehrer	Bohnen, Erbsen, Kohl, Kopfsalat, Möhren	Gurken
☀–◐	Mittelstarkzehrer	Dill, Gurken, Kohlrabi, Kohl, Pflücksalat, Zwiebeln	Spinat
☀	Mittelstarkzehrer	Salat, Zwiebeln	Erbsen, Kresse, Mangold, Spinat
☀–◐	Mittelstarkzehrer	Bohnen, Erbsen, Grünkohl, Gurken, Möhren, Radieschen, Rote Bete, Tomaten, Zwiebeln	Sellerie
☀–◐	Mittelstarkzehrer	Bohnen, Kartoffeln, Kohlrabi, Kohl, Radieschen, Tomaten	Rote Bete
☀	Starkzehrer	Bohnen, Kohl, Kohlrabi	Erbsen, Fenchel, Kartoffeln
☀	Mittelstarkzehrer	Erdbeeren, Dill, Kopfsalat, Möhren, Rote Bete	Bohnen, Erbsen, Kohl
☀	Starkzehrer	Kopfsalat, Lauch, Möhren, Radieschen, Rote Bete, Spinat, Zwiebeln	Gurken, Kartoffeln, Tomaten

Adressen, die Ihnen weiterhelfen

Hochbeete und Frühbeet-Aufsätze

Gärtner Pötschke GmbH
Beuthener Straße 4
41564 Kaarst
Tel.: 0 18 05/86 11 00
www.poetschke.de

Vitavia
E.P.H. Schmidt u. Co. GmbH
Höfkerstr. 30
44149 Dortmund
Tel.: 02 31/9 41 65 50
https://www.vitavia.de

Manfred Stiebler
Josef-Welte-Straße 2
78183 Hüfingen-Mundelfingen
Tel.: 077 07/797
www.stima-hochbeet.de

Geflecht³
Stefan Rothkegel
Bachstraße 4 a
82436 Eglfing
www.geflechthochdrei.de

JUWEL
H. Wüster GmbH
Bahnhofstr. 31
82467 Garmisch-Partenkirchen
Tel.: 0 88 21/7 67 26
www.juwel.com

Emmabeet
Schreinerei Geisl
Petersbergstr. 2
85435 Erding
Tel.: 0 81 22/90 36 26
www.emmabeet.de

Gartenfrosch GmbH
Bierweg 1a
86492 Egling a. d. Paar
Tel: +49 (0)82 06/96 11 88
www.gartenfrosch.com

Ing. G. Beckmann KG
Simoniusstr. 10
88239 Wangen/Allgäu
Tel.: 0 75 22/97 45-0
www.beckmann-kg.de

manufaktur Scheibinger
Daniel Scheibinger
Büro: Waldstraße 18 a
93161 Sinzing
Tel.: 0941/307 59 44
www.moderne-feuerstellen.de/stahlob/

Österreich

Max Lochboden GmbH
Tröstlberg 35
A-4431 Haidershofen
Tel.: +43 (0) 74 34/4 25 88
www.hochbeet.co.at

WG-Holzideen
Georg Weidenthaler
Neundling 36
A-4931 Mettmach
Tel.: +43 (0)77 55/205 20
www.wg-holzideen.at

Schweiz

Ernst Meier AG Gartencenter
Kreuzstraße 2
CH-8635 Dürnten
Tel.: +41 (0)55/251 71 71
www.meier-ag.ch

Hochbeet Bausatz »Eigenbau« aus dem Buch

Begleitunterlagen:
Gartenfrosch GmbH
www.holz-hochbeet.info

Zubehör

Garten und Gabel
Lassdrift 1 a
21129 Hamburg
Tel.: 0 40/7 42 86 80
www.gartenundgabel.de
(Bio-Gemüsesaatgut, Gartengeräte)

Gartenzauber
Hof Bissenbrook
24623 Großenaspe
Tel.: 0 43 27/1 41 78-0
www.gartenzauber.de
(Saatgut, Gartengeräte, Hochbeet-Bausätze)

W. Neudorff GmbH KG
An der Muehle 3
31860 Emmerthal
Tel.: 0 51 55/6 24-0
www.neudorff.com
(Dünger, Insektenhotels, Gartennetze; über den Fachhandel)

Ward Gartenbedarf
Ottobeurer Str. 46 a
87733 Marktrettenbach
Tel.: 0 83 92/16 46
www.gartenbedarf-versand.de
(Dünger, Gartengeräte, Schutznetze)

Saatgut und Pflanzen

Staudengärtnerei Bornhöved
Plöner Str. 10
24619 Bornhöved
Tel.: 0 43 23/65 80
www.staudengaerten.de
(Gartengeräte, Gemüsesaatgut,
Insektenhotels)

Samenshop 24
Kirchdorfer Str. 177
26605 Aurich
Tel.: 0 49 41/97 25 46
www.samenshop24.de
(Gemüse- und Kräutersaatgut)

Kiepenkerl
Bruno Nebelung GmbH
Postfach 1263
48348 Everswinkel
www.nebelung.de

Sperli-Samen GmbH
Freckenhorster Str. 32
48351 Everswinkel
www.sperli.de

Kräuterey Lützel
Im Stillen Winkel 5
57271 Hilchenbach-Lützel
Tel.: 0 27 33/38 46
www.kraeuterey.de
(Kräutersamen und -pflanzen,
Gartengeräte)

Samenhaus Müller
Mörikestr. 1/3
75210 Keltern
Tel.: 0 72 36/2 47 84 90
www.samenhaus.de
(Gemüse- und Kräutersaatgut)

Bio Gärtnerei Christian Herb
Heiligkreuzerstraße 70
87439 Kempten im Allgäu
Tel.: 0831/933 31
www.bio-kraeuter.de

Österreich

Arche Noah
Bio-Raritäten
Obere Straße 40
A-3553 Schiltern
Tel.: +43 (0)27 34/86 26
www.arche-noah.at

Bewässerung

KleWaTec GmbH
Werkstraße 15
76437 Rastatt
Tel.: 072 22/597 58 75
www.klewatec.de

Gardena
Hans-Lorenser-Straße 40
D-89079 Ulm
Tel.: 0731/49 00
www.gardena.com

Stichwortverzeichnis

Bildnachweis

Alle Fotos von der Autorin, außer:

Alexander Raths – fotolia.com: 8; Baumjohann: 111; DLeonis – fotolia.com: 112; Doris Heinrichs – fotolia.com: 121o; Flora Press/Christine Ann Föll: 24r; Flora Press/Edition Phönix/Jutta Schneider, Michael Will: 10, 11; Flora Press/GWI: 100; Flora Press/Helga Noack: 75l; Flora Press/Hilde Frey: 113; Flora Press/Meyer-Rebentisch: 118; Flora Press/The Garden Collection/Derek Harris: 9; Fovito – fotolia.com: 19; Francesco83 – fotolia.com: 117; IngridHS – fotolia.com: 101l; Kai-creativ – fotolia.com: 13; Keko64/123rf.com: 71; Kitty – fotolia.com 61r; Kosok-Pokorny: 15, 16, 17, 33, 34, 37, 38/39; Manu – fotolia.com: 25u; Margouillat photo – shutterstock.com: 107; Meyer-Rebentisch: 5r, 5l; Nüsslein-Müller: 4r, 4l, 28, 30, 31, 32, 46/47, 48–55, 58-60, 61l, 62–70, 72–74, 76, 78–92, 93o, 94, 96–99, 101r, 102–106, 108–110, 114–116, 119, 120; Osterland – fotolia.com: 93u; Reinhard: 2/3; Scerpica – fotolia.com: 77; Strauß: 1, 6/7, 24l, 25o, 26/27; Thomasklee – fotolia.com: 95; Vanillaechoes/123rf.com: 121u; www.gardena.de: 35r; www.gartenfrosch.de: 12, 20, 40, 42, 43, 44, 45; www.holz-hochbeet.info: 18; www.klewatec.de: 35l; www.manufaktur-scheibinger.de: 22; www.schnegel.at, Robert Nordsieck: 36; www.stima-hochbeet.de: 14; www.zehetner.at: 23

Grafiken: Claudia Schick (nach Plänen von Nüsslein-Müller): 56/57

Über die Autoren

Susanne Nüsslein-Müller ist Diplom-Biologin und war viele Jahre Redakteurin bei der Zeitschrift FloraGarten. Sie arbeitet seit einigen Jahren als freie Buch- und Magazinautorin. In ihrem Garten am Stadtrand kann sie ihre Leidenschaft für Pflanzen und den Beruf perfekt miteinander verbinden und dokumentiert ihre gärtnerischen Erlebnisse auch gerne mit der Fotokamera. Ein Schwerpunkt ist dabei ihr Küchengarten mit Hochbeeten und Gewächshaus. Daraus fast rund ums Jahr selbst zu ernten und Leckeres zu kochen, ist für die Autorin ein Stück Lebensglück und Unabhängigkeit. Auf ihrer Website: www.ich-bin-im-garten.de schreibt sie regelmäßig in einem Blog darüber.

Gernot Kosok-Pokorny ist ein Mann der Tat. Für seine Frau entwickelte er vor Jahren ein Hochbeet, das sie selbst zusammenbauen kann – und traf damit den Nerv der Zeit. Heute leitet er erfolgreich ein eigenes Unternehmen, das seine selbstentworfenen Hoch- und Frühbeete aus hochwertigen haltbaren Holzarten herstellt und vertreibt. Seine Produkte bestechen durch ihre hochwertige Qualität und Optik und sind ein echter Publikumsmagnet auf Gartenmessen. Weitere Informationen unter: www.gartenfrosch.com

Impressum

Bibliografische Information der Deutschen Nationalbibliothek

Die Deutsche Nationalbibliothek verzeichnet diese Publikation in der Deutschen Nationalbibliografie; detaillierte bibliografische Daten sind im Internet über http://dnb.d-nb.de abrufbar.

BLV Buchverlag GmbH & Co. KG

80636 München

© 2018 BLV Buchverlag GmbH & Co. KG, München

Umschlagfotos:
Vorderseite: GAP Photos/Jenny Lilly
Rückseite: links: Susanne Nüsslein-Müller
rechts: Claudia Schick

Lektorat: Dr. Thomas Hagen, Rita Meixner, Sandra-Mareike Kreß
Herstellung: Herrmann Maxant
Layout: Kathrin Michel, München

Gedruckt auf chlorfrei gebleichtem Papier

Printed in Slovakia

ISBN 978-3-8354-1843-1

Hinweis
Das vorliegende Buch wurde sorgfältig erarbeitet. Dennoch erfolgen alle Angaben ohne Gewähr. Weder Autoren noch Verlag können für eventuelle Nachteile oder Schäden, die aus den im Buch vorgestellten Informationen resultieren, eine Haftung übernehmen.

 www.facebook.com/blvVerlag

Pflanzplan Spätsommer

Gärtnern auf hohem Niveau!

Hochbeet-Gärtnern bietet viele Vorteile. Ohne Bücken, Rücken-
schmerzen und wunde Knie können Sie alle Arbeiten bequem im
Stehen ausführen. Das Hochbeet ist nicht nur im Garten, sondern
auch für Terrasse oder Hinterhof einsetzbar. Doch was ist wann zu
tun, damit Sie Ihr Hochbeet das ganze Jahr über optimal nutzen
können? Folgen Sie einfach der »Praxis Monat für Monat«:
So können Sie alle wichtigen Tätigkeiten leicht nachmachen und
von den jahrelang erprobten Praxistipps der Autoren profitieren.

■ **Für jeden das richtige Hochbeet:** Größen, Materialwahl,
Hochbeete aus Holz und aus anderen Materialien

■ **Selber bauen:** das klassische Hochbeet und die Küchengarten-
Box – mit Bauanleitungen und Pflanzplänen

■ **Hochbeete in der Praxis:** Standortwahl, Befüllung, Pflanzen –
von Anzucht über Pflege bis Ernte, Isolierung, Vlies und Frühbeet,
Bewässerung der Pflanzen, Pflanzenschutz

■ **Hochbeet-Praxis Monat für Monat:** jeweils mit Gemüse des
Verwertung – mit Rezepten

www.blv.de

€ 10,– · € 10,30 (A)
ISBN 978-3-8354-1843-1

9 783835 418431